W0473257

Ellen Ammann

kleine bayerische biografien

herausgegeben von
Thomas Götz

ADELHEID SCHMIDT-THOMÉ

Ellen Ammann

Frauenbewegte Katholikin

Verlag Friedrich Pustet
Regensburg

kleine bayerische biografien

Biografien machen Vergangenheit lebendig: Keine andere literarische Gattung verbindet so anschaulich den Menschen mit seiner Zeit, das Besondere mit dem Allgemeinen, das Bedingte mit dem Bedingenden. So ist Lesen Lernen und Vergnügen zugleich.
Dafür sind gut 100 Seiten genug – also ein Wochenende, eine längere Bahnfahrt, zwei Nachmittage im Café. Wobei klein nicht leichtgewichtig heißt: Die Autoren sind Fachleute, die wissenschaftlich Fundiertes auch für den verständlich machen, der zwar allgemein interessiert, aber nicht speziell vorgebildet ist.
Bayern ist von nahezu einzigartiger Vielfalt: Seinen großen Geschichtslandschaften Altbayern, Franken und Schwaben eignen unverwechselbares Profil und historische Tiefenschärfe. Sie prägten ihre Menschen – und wurden geprägt durch die Männer und Frauen, um die es hier geht: Herrscher und Gelehrte, Politiker und Künstler, Geistliche und Unternehmer – und andere mehr.
Das wollen die KLEINEN BAYERISCHEN BIOGRAFIEN: bekannte Personen neu beleuchten, die unbekannten (wieder) entdecken – und alle zur Diskussion um eine zeitgemäße regionale Identität im Jahrhundert fortschreitender Globalisierung stellen. Eine Aufgabe mit Zukunft.

DR. THOMAS GÖTZ, Herausgeber der Buchreihe, geboren 1965, lehrt Neuere und Neueste Geschichte an der Universität Regensburg. Veröffentlichungen zu Stadt und Bürgertum in der Neuzeit.

Inhalt

Katholischer
Deutscher
Frauenbund

Zum Geleit

2020 ist für den Katholischen Deutschen Frauenbund (kurz: KDFB) in Bayern ein ganz besonderes Jahr: Am 1. Juli jährt sich der Geburtstag seiner Gründerin zum 150. Mal. Für den Frauenbund in Bayern war Ellen Ammann ein Glücksfall. Die gebürtige Schwedin gründete am 6. Dezember 1904 in München einen Zweigverein des KDFB; 1911 initiierte sie den KDFB Landesverband. Heute ist dieser mit 165.000 Mitgliedern der größte Frauenverband in Bayern und eine starke Stimme für die Gleichberechtigung von Frauen in Politik, Gesellschaft und Kirche.

Auf das soziale, gesellschaftliche und politische Leben in Bayern zu Beginn des 20. Jahrhunderts hatte Ellen Ammann entscheidenden Einfluss. Einige soziale Organisationen, die heute nicht mehr aus dem gesellschafts- und sozialpolitischen Leben in Bayern wegzudenken sind, wie die Münchner Bahnhofsmission oder IN VIA, verdanken wir ihrem Wirken.

Als eine der ersten weiblichen Abgeordneten im Bayerischen Landtag schrieb Ellen Ammann auch in der Politik Frauengeschichte. Besonders mutig war ihr Einsatz bei der Vereitelung des Hitlerputsches im November 1923.

Adelheid Schmidt-Thomé schafft es in ihrer Biografie, der Leserin/dem Leser nicht nur Ellen Ammanns Leben und Werk, sondern auch ihre private Seite, ihre Familie, ihre Existenzängste und Nöte näherzubringen. Eindrucksvoll schildert diese Biografie darüber hinaus die innere Zerrissenheit Ellen Ammanns. In Schweden geboren, einem Land, das der Frauenfrage äußerst fortschrittlich gegenüberstand, traf sie nach ihrem Umzug nach Bayern auf viele Widerstände. Deutlich wird auch, dass Ellen Ammann ein Kind ihrer Zeit war. Sie musste – vor allem während ihrer Arbeit als Parlamentarierin – zahlreiche Kompromisse eingehen.

Die Autorin nimmt uns mit auf eine kurzweilige Reise durch das bewegende und bewegte Leben von Ellen Ammann. Für alle, die mehr über diese außergewöhnliche Frau erfahren möchten, ist die Lektüre dieses Bandes der *kleinen bayerischen biografien* unverzichtbar.

Noch immer kann Ellen Ammann Inspiration und Vorbild für Frauen sein. Sie war, wie man heute sagen würde, eine echte Powerfrau. Im Laufe ihres Lebens hatte sie mit vielen Schwierigkeiten zu kämpfen, mit Vorurteilen, mit mangelnden Mitspracherechten der Frauen, mit Ängsten und Notzeiten, die der Erste Weltkrieg mit sich brachte, mit sozialer Not und Elend, mit dem Erstarken des Nationalsozialismus – aber all das nahm sie als Herausforderung an und machte es zu ihrer Aufgabe.

Bei all ihrem gesellschaftlichen, sozialen und politischen Wirken war der Glaube für Ellen Ammann die zentrale Richtschnur. Frauenbewegung und Katholischsein, für sie war das kein Gegensatz, sie war – wie der Untertitel dieser Biografie es ganz richtig beschreibt – eine frauenbewegte Katholikin.

Wer diese Biografie liest, staunt über den Facettenreichtum und das vielfältige Wirken Ellen Ammanns, gerade in einer Zeit, in der Gleichberechtigung noch nicht so verbreitet war wie heute.

Als Landesvorsitzende des Katholischen Deutschen Frauenbundes in Bayern möchte ich allen, die sich für Frauengeschichte interessieren, diese Biografie wärmstens ans Herz legen.

München, im Herbst 2019

Emilia Müller
Vorsitzende des KDFB Landesverbandes Bayern

Vorwort

»Für die verwundbare, scheue, keusche Seele der zarten kleinen Frau war jedes Hinaustreten in die Öffentlichkeit, war ihr tägliches Werk stets ein neues Wagnis [...]« – So steht es in einem Nachruf auf Ellen Ammann von 1933. Doch gleichzeitig war sie führungsstark, energisch, von »nordischer Vehemenz«, dabei zugewandt, gläubig, frauenbewegt ... Auch Hausfrau und Mutter: Ellen Ammann heiratete 1890 mit gerade einmal 20 Jahren, ging von Stockholm nach München, zog sechs Kinder groß, arbeitete 18 Jahre in Praxis und Klinik ihres Mannes und trug später ein gut Teil zum Unterhalt der Familie bei. So weit die ›private‹ Ellen Ammann.

Ab 1895 engagierte sie sich in München in einem Mädchenschutzverein und wurde Gründerin: der katholischen Bahnhofsmission, des Münchner Zweigvereins des »Katholischen Deutschen Frauenbunds (KDFB)« mit vielen Unterorganisationen, des KDFB-Landesverbandes Bayern und zahlreicher Zweigvereine, der »Social-caritativen Frauenschule«. Aus ihrem Bedürfnis nach Spiritualität erwuchs eine Drittordensgemeinschaft. Welch ein Erbe für die katholischen Frauen in Bayern! Alle Gründungen bestehen und florieren heute noch.

Darüber hinaus wirkte sie im Ersten Weltkrieg in der Kriegsfürsorge und war von 1919 bis 1932 eine der ersten weiblichen Landtagsabgeordneten. Diese unerschöpfliche Energie, die die schwedische Bayerin über 42 Jahre antrieb, erwuchs aus ihrem Glauben.

Die wenigen Fotos von Ellen Ammann zeigen verschiedene Seiten ihrer Persönlichkeit: humorvoll als Mutter auf der Schulter ihres Mannes – Bayerin mit Trachtenhütl – Tierfreundin mit Papagei und Dackel – und die unbeirrbare Frauenführerin, die seriöse Politikerin mit Orden. Was Bilder nicht zeigen können: eine suchende Frau, stets im Gespräch mit Gott. Die als Abiturientin unbedingt Lehrerin an einer Klosterschule werden möchte – und dann Heilgymnastik lernen muss. Die Deutschland hasst, dann lieben lernt. Die einem Mann erst in letzter Sekunde das Jawort gibt. Die emanzipierte Schwedin, die eine willige deutsche Gattin sein möchte und es nicht wirklich kann. Sie akzeptiert den Mann als Oberhaupt, aber sie hadert mit patriarchalischen Mustern. Sie stellt die Familie über alles und ist doch ein Leben lang berufstätig. Ihre Unentschlossenheit. Die Katholikin, die aber unabhängig von der Kirche agieren möchte. Eine zarte Person mit einer starken Persönlichkeit.

Die Quellenlage ist dürftig: Alle Archive, das des Bayerischen KDFB und große Teile des Familienarchivs, wurden im Zweiten Weltkrieg weitgehend zerstört. Die Königliche Bibliothek in Stockholm besitzt 84 Briefe von Ellen Ammann an Freunde und Familie, die Marianne Neboisa ausfindig gemacht und aus dem Schwedischen übersetzt hat. Die Abschriften und weitere Unterlagen, Ergebnisse einer intensiven Recherche von Neboisa, liegen im Archiv der Erzdiözese München und Freising. Der Nachlass beinhaltet auch die erhaltenen Originale aus dem Familienarchiv.

Drei Biografien liegen bereits vor: Das »Lebensbild« von Marie Amelie von Godin (1933) ist geprägt von einer schwärmerischen und sehr persönlichen Sympathie für die Protagonistin. Die Zitate im Text lassen sich großteils nicht nachvollziehen, sind also nicht ohne weiteres verwendbar. Die 1992 von Marianne Neboisa veröffentlichte umfangreiche Biografie hat vorrangig das apostolische Wirken Ellen Ammanns im Blick (und den Wunsch, dass sie seliggesprochen werden möge). Das Buch ist leider nicht chronologisch strukturiert und lässt ein Personenregister vermissen. 2017 erschien die Dissertation von Gunda Holtmann, die das intellektuelle Leben Ellen Ammanns, ihre geistige Arbeit sowie ihre Denk- und Lebenswege im Kontext der katholischen Frauenbewegung darstellt, wie es in einer Rezension des Sankt Michaelsbunds heißt. Zudem hat Gerlinde Wosgien eine detaillierte Chronik des KDFB-Landesverbandes Bayern sowie verschiedene Aufsätze mit wichtigen Informationen über die Arbeit von Ellen Ammann verfasst.

Die jetzt vorliegende Biografie zum Anlass des 150. Geburtstags von Ellen Ammann stellt sie als private und öffentliche Persönlichkeit vor und möchte außerdem die Gründungen würdigen, die sie ins Leben gerufen hat.

Zum Schluss ein paar Gedanken zum Gebrauch dieses Buches: Im Anhang finden Sie ein Personenverzeichnis mit Kurzbiografien über die wichtigsten Wegbegleiter Ellen Ammanns. Der »Katholische Deutsche Frauenbund« trug im Lauf seiner mehr als 100-jährigen Geschichte mehrere Namen: Bei der Gründung 1903 nennt er sich »Katholischer Frauenbund« (KFB), ab 1916 »Katholischer Frauenbund Deutschlands« (KFD) und ab 1921 »Katholischer Deutscher Frauenbund« (KDF). 1983 setzt sich die Abkürzung KDFB für »Katholischer Deutscher Frauenbund« durch; diese wird im Buch verwendet, auch da, wo sie historisch noch nicht zutrifft.

München, im Herbst 2019

Adelheid Schmidt-Thomé

1 Kindheit und Jugend 1870–1890

»Von ihrem ersten Tage ist sie ein Freudenkind gewesen.
Niemals hat sie uns den geringsten Kummer,
eine Sorge oder Unruhe bereitet.
Glück war sie uns von ihrer ersten bis zu ihrer letzten Stunde.«

(Lilly Sundström über Ellen)

Junge Schwedinnen hatten in der zweiten Hälfte des 19. Jahrhunderts andere Möglichkeiten als die deutschen Frauen. Als Letztere begannen, eine höhere Schulbildung zu erkämpfen, waren in Schweden Frauenarbeit und -studium bereits Alltag. Entsprechend kann Ellen Ammann später in vielen Dingen freier denken und handeln als die meisten deutschen Frauen.

DIE JUNGE ELLEN

Ellen Ammann wird als Ellen Aurora Sundström am 1. Juli 1870 in Stockholm geboren. In der Västra Trädgårdsgatan Nr. 7 befinden sich die Wohnung der Familie und die Redaktion des »Stockholms Dagblad«, einer renommierten Tageszeitung. In diesem Haus kommt zweieinhalb Jahre später auch Ellens Schwester Harriet Sundström zur Welt. Die Eltern, Carl und Lilly Sundström, sind seit 1868 verheiratet; sie gehören dem sogenannten ›Bildungsbürgertum‹ an.

Stockholm ist mit seiner Schärenküste ein Naturparadies. Carl Sundström und seine Töchter lieben die sommerlichen Segel- und Angeltörns in dieser faszinierenden Landschaft. Sport – Segeln, Schwimmen, Skifahren – ist eine für Mädchen damals ungewöhnliche Leidenschaft Ellens, die sie auch in München, wo dies noch ungewöhnlicher ist, mit ihrer Familie beibehalten wird. »Es gehört mit zum Köstlichsten«, erinnert sich ihre spätere Mitarbeiterin Maria Hopmann, »wenn sie von ihrem Elternhaus, von der Schule bei den katholischen Schwestern in Stockholm, von den Ferien im Skärgarden und auf der Segeljacht ihres Vaters erzählt. In ihrer ganzen Erziehung gab es keine Zimperlichkeit und Weichlichkeit, wurde

Ein Kinderbild Ellen Ammanns von 1873

für die Stählung von Körper und Geist gleichmäßig gesorgt und Selbständigkeit und Selbstverantwortung von früh auf verlangt.«

Ähnlich asketisch werden in der Familie anscheinend auch Gefühle behandelt. »Noch kurz vor ihrem Tode hat Ellen Ammann mir einmal erzählt«, schildert die ›Erstbiografin‹

Godin, »wie sie sich zwar noch gut erinnere, daß ihre jungen Eltern mit ihr und Schwester Harriet, selbst noch halbe Kinder, durchs Haus tollten, und daß sich der Vater für die Arbeit seiner kleinen Mädelchen jederzeit zum Gefährten hergab. Zärtlichkeitsbezeugungen seien bei den Sundströms hingegen durchaus nicht an der Tagesordnung gewesen; daß sie so richtig geherzt worden sei als Kind, darauf könne sie sich kaum besinnen.« Das scheint Ellen zu der »nordischen« Persönlichkeit gemacht zu haben, die man ihr gerne nachsagt.

Die Familie Sundström

Die Mutter von Ellen und Harriet, Carolina Sofia (Lilly) Häggström, ist eine emanzipierte Frau, Journalistin und Mitglied im Fredrika-Bremer-Bund, der Keimzelle der schwedischen Frauenbewegung. Der Vater der Mädchen, Dr. Carl Rudolf Sundström, ist Lehrer im höheren Schuldienst und Leiter des Ressorts Außenpolitik beim »Stockholms Dagblad«. Er ist ein renommierter Naturwissenschaftler sowie Verfasser und Übersetzer wissenschaftlicher Arbeiten.

Ellens jüngere Schwester Harriet/Henrike Sundström ist eine in Schweden recht bekannte bildende Künstlerin. Sie studiert in München, Stockholm, Frankreich und gehört zwischen 1891 und 1894 der sogenannten Künstlerkolonie in Dachau an.

POLITIK UND RELIGION – ELEMENTE IHRES LEBENS

Die Sundström-Mädchen werden entsprechend dem hohen intellektuellen und gesellschaftlichen Niveau der Eltern erzogen: Bildung ist wichtig, der Vater bringt ihnen Politik und Naturwissenschaften nahe, Ellen begeistert sich darüber hinaus für Geschichte. Die Mutter arbeitet in der Redaktion der Zeitung mit und übernimmt nach dem Tod ihres Mannes teilweise dessen Aufgaben. So lebt sie ihren Töchtern eine gewisse emanzipierte Selbstständigkeit vor.

Dr. Carl Rudolf Sundström (1841–1889)

Carolina Sofia Sundström (1849–1943)

Für Ellens Entwicklung noch maßgeblicher ist die tiefe Verwurzelung ihrer Mutter im katholischen Glauben. Obwohl Schweden ein strikt protestantisches Land ist, konvertiert Lilly Sundström 1881 heimlich und erzieht ihre (protestantisch getauften) Töchter als Katholikinnen. Trotz der strengen Glaubensvorschriften können die beiden eine private Mädchenschule, die katholische École française (Franska skolan), besuchen. Sie wurde vor allem für Diplomatenkinder eingerichtet und wird von einer französischen Kongregation, den Josefsschwestern, geführt, die seit 1862 mit einer Sondererlaubnis unterrichten dürfen.

In den Biografien heißt es, Ellen Sundstöm habe 1884 die Erstkommunion empfangen. So steht das auch in der Heiratsurkunde. Ellen hätte aber, wie die ›Zweitbiografin‹ Neboisa später herausgefunden hat, als Katholikin damals ihre staatsbürgerlichen Rechte verloren und kein Abitur machen können. Es ist daher wohl eher so gewesen, dass sie die Heilige Kommunion als »Tochter einer Neukonvertitin«, wie es im Kirchenbuch der katholischen Gemeinde St. Eugenia heißt, empfangen hat.

Protestantisches Schweden
In Schweden ist der Protestantismus von 1527 bis 1999 Staatsreligion, die Ausübung anderer Religionen ist bis 1871 verboten und wird mit Restriktionen belegt. 1783 wird das erste apostolische Vikariat für Schweden eingerichtet. Noch um 1890 machen die katholischen Bürger eine verschwindende Minderheit aus. Die katholische Gemeinde St. Eugenia in Stockholm, die Heimatgemeinde von Lilly und Ellen Sundström, 1837 gegründet, ist die älteste katholische Gemeinde Schwedens.

UNVERGESSEN: DIE LEHRERIN SŒUR AGNÈS

Bis 1888 besucht Ellen die Franska skolan. Hier werden den Schülerinnen eine anspruchsvolle Bildung, die vom Vater hochgeschätzte französische Kultur und der katholische Glauben der Mutter vermittelt. Die deutsche Lehrerin Walburga (Wally) Stockhausen ist mit der Mutter befreundet und wird eine wichtige Vertrauensperson für die ganze Familie. Besonders verehrt Ellen ihre gerade einmal fünf Jahre ältere Lehrerin Marie Thérèse Tardy (Sr. Agnès des Anges), die ab 1885 unterrichtet. Sie wird zum großen Vorbild des Teenagers. 1891 schreibt Ellen in ihr Tagebuch: »Gott hat uns geführt, die eine zur anderen. Er ist Urheber unserer Freundschaft. [...] Deo gratias Schwester meiner Seele! [...] Als Sie mich das erstemal so nannten, haben Sie mir den Mut zurückgegeben, der mir an jenem Tag absolut mangelte.« An jedem 10. eines Monats feiert Ellen diesen Tag und die Lehrerin mit großer Liebe: »Heute, du Gott meiner Seele, vor vielen Jahren gabst du mir jene geistige Schwester, die soviel Einfluß auf meine Kindheit hatte [...] Sie legte den Keim zu jenem Streben oder vielmehr Wunsch, dir zu gefallen, der mich stets trieb oder verfolgte, je nach meiner Treue.«

Der religiöse Einfluss von Sœur Agnès wirkt lebenslang. Ellen eifert ihr nach, möchte ebenfalls Klosterschwester und Lehrerin werden. Für die Erwachsene ist die Sœur Leitstern im Glauben. Die Verbindung zwischen den beiden ist nach Ellens Weggang aus Schweden hauptsächlich spirituell, über

Gedanken, Texte im Gebetbüchlein, das die Lehrerin Ellen zur Hochzeit schenkt, Meditation, Gebete – von Ellen ins Universum zu Sr. Agnès gesandt. Persönliche Treffen sind höchst selten möglich, das beeinträchtigt aber die tiefe emotionale Bindung nicht.

DIE LEBENSFREUNDIN LYDIA WAHLSTRÖM

Das Lernen macht Ellen Freude. Die Abiturprüfungen legt sie im Mai 1888 extern in der Wallinska skolan ab, mit sehr guten Noten. Während der Vorbereitungen freundet sie sich mit der Protestantin Lydia Wahlström an. »Sie machte einen solchen Eindruck von innerer Ruhe und Stille und ich fand heraus, dass diese ihre Wurzeln in einer tiefen Religiosität hatten«, schreibt diese Jahrzehnte später im Nachruf auf ihre Freundin. 1921 erinnert sie sich an die junge Ellen: »Ein kleines, dunkles Mädchen mit hängendem Zopf und schüchternen, melancholischen Augen, welche zuweilen aufleuchten konnten, wenn ein unbeschreiblich schönes Lächeln wie ein Kräuseln über ein sonst spiegelblankes, ruhiges Äußeres fuhr. Dieses Lächeln, so entdeckte ich später, kam beinahe gegen ihren Willen; sie war als ein ideeller und zielstrebiger junger Mensch im allgemeinen schrecklich ernst.« Und über die kurze gemeinsame Zeit in Schweden schreibt sie: »Während der nächsten sonnigen Werktage nach dem Examen verkehrten wir fleißig miteinander auf Wanderungen in der Umgebung und obgleich wir die weiße [Studenten]Mütze nicht auf dem Kopf tragen durften, war sie doch umso mehr gegenwärtig in unseren Gedanken.«

Die Abiturientinnen planen ihre Zukunft. Neboisa las aus den Briefen der jungen Ellen an Lydia folgende Ideale heraus: »Ein reines, edles Leben mit möglichst viel Einfluß auf andere Menschen, um sie für ihre Vorstellungen vom besten Sinn des Daseins zu gewinnen, stand vor ihrem Geiste. Ellen offenbarte dabei ihr Katholischsein und ihr heimliches Vorbild Sœur Agnès, verriet aber auch etwas von den Schwierigkeiten daheim, noch ohne zu ahnen, daß sie bald ihre Träume durchkreuzen werden.«

Stolz trägt Ellen eine weiße Studentenmütze, die ihr als Abiturientin eigentlich nicht zusteht.

Nach der Hochzeit Ellens haben sie und Lydia anscheinend 17 Jahre lang keinen Kontakt, aber danach besteht eine intensive Freundschaft zwischen den beiden, trotz der verschiedenen Konfessionen und der unterschiedlichen Lebenswege. Lydia Wahlström wird Lehrerin und Schriftstellerin. Sie ist in Schweden eine überzeugte Frauenrechtlerin und Anhängerin der Frauenstimmrechtsbewegung – was manchmal zu kontroversen Briefwechseln mit ihrer Freundin Ellen führt.

STREIT UM DIE ZUKUNFT

Schon in Ellens letztem Schuljahr beginnen Diskussionen zwischen Vater und Tochter über ihre Zukunft. Sie möchte immer noch Lehrerin werden, am liebsten an ihrer Schule und am liebsten im Kloster. Vater Carl ist damit nicht einverstanden. Was ihm daran missfällt, ist nicht bekannt. Ist es der

Eintritt in eine Kongregation, die mit dem Beruf verbundene Ehelosigkeit? Oder reicht nur das Geld nicht für ein auswärtiges Studium? Jedenfalls wünscht er, dass Ellen schwedische Heilgymnastik lernt, eine frühe Form der Krankengymnastik. Das kann sie in Stockholm tun, und die Ausbildung dauert nicht lange. »Er sagte, daß ich durch meine Weigerung meine Zukunft zerstöre usw.«, schreibt Ellen nach dem Abitur an die Freundin Lydia. »Daß ich mir dessen ungeachtet den Weg ins Leben bahnen kann, da ich ja um der Wahrheit willen so handle, das weiß ich ja. Doch es ist immer schwer, so etwas von seinem Vater zu hören.«

Die Auseinandersetzungen werden immer unerfreulicher. Vielleicht, um Entspannung in die Situation zu bringen, lädt Wally Stockhausen ihre Freundin Lilly Sundström mit den Töchtern im Sommer 1888 zu einer Reise durchs Rheinland ein.

DEUTSCHLANDREISE

Unterwegs besuchen die Reisenden auch die Familie des Freiherrn Maximilian Heereman von Zuydtwyck auf Schloss Surenburg in Nordrhein-Westfalen. Die Heeremans haben vier Töchter und fünf Söhne, von denen die drei jüngeren Töchter noch zu Hause leben; die anderen Kinder besuchen Internate.

Franziska Freifrau von Heereman findet Gefallen an Ellen. Sie lädt die 18-Jährige ein, ein Jahr als Haustochter in der Familie zu verbringen. Natürlich fragt sie bei Vater Sundström schriftlich an. Der willigt ein und schreibt, wie stolz er auf seine Tochter, »ihr gutes und vortreffliches Herz« sowie auf seine Gattin sei, die die Töchter so gut erzogen habe. Bei Ellen lösen diese Pläne keine große Begeisterung aus; sie schätzt das Deutsche nicht besonders, ist dem Französischen viel mehr zugeneigt. »Ich, welche so schwärmt für das schöne Frankreich (nicht als Republik), ich muß unter einem Volk leben, das es jeden Tag höhnt und ich kann gar nichts sagen für die Franzosen und nichts gegen die Deutschen, die ich hasse als Nation. Ich möchte vernichten diesen so wohl regierten Staat. [...] Und weißt du, meine Lydia, meine Liebe zum Vaterland

Die Zentrumspartei
Ein Bruder des Freiherrn, Clemens Heereman von Zuydtwyck, war Jurist, Reichstagsabgeordneter und 1870 Mitbegründer der Deutschen Zentrumspartei, kurz Zentrum. Sie verstand sich als die wichtigste Repräsentantin des katholischen Deutschland. Gleich bei der ersten Reichstagswahl 1871 wurde die Partei zweitstärkste Kraft und bildete von 1881 bis 1912 die stärkste Fraktion im Reichstag. Der KDFB ist dem Zentrum vor dem Ersten Weltkrieg eng verbunden.

erwacht in meiner Brust. Ich sehe dieses Deutschland, welches ich bewundern muß in seiner Größe und erkenne mit Bitterkeit, daß ihm Schweden unterlegen ist.« Aber »Fiat voluntas tua – dein Wille geschehe«, das sagt sie jetzt – und das wird sie in ihrem Leben noch häufig sagen oder denken.

So bleibt Ellen ab August 1888 in Deutschland. Zunächst hat sie Heimweh und fühlt sich nicht besonders wohl, aber das ändert sich bald, ebenso wie sich die Abneigung gegen das Deutsche legt. Und zu den Gastgebern entwickelt sie bald Zuneigung: »Weißt du«, schreibt sie an Lydia, »bei jedem Schritt begegne ich Menschen, die so liebenswert, so freundlich sind. Ach, es bleibt mir nicht viel von meinem Herzen, es macht mir Schmerzen, von ihnen wieder getrennt zu werden.«

Die Hausherrin führt ein strenges, aber wohlwollendes Regiment. Sie weist die Mädchen in die häuslichen Arbeiten ein, sie erhalten Unterricht in Fremdsprachen, Geographie und Geschichte. Sport und gesellschaftliche Veranstaltungen kommen auch nicht zu kurz. Ellen lernt reiten, spielt Tennis, tanzt auf Feiern. Vor allem mit den etwas älteren Töchtern Sophie und Antonie versteht sie sich gut. Von Politik berichtet sie nichts nach Hause, obwohl dieses Thema in der Familie Heereman – zumindest bei den Männern – eine wichtige Rolle spielt.

Erwachsenwerden

An Lydia schreibt Ellen viele ausführliche, emotionale Briefe; die an die Eltern dagegen klingen nüchtern bis reserviert. Ellens ›Gespräche‹ mit Lydia zeugen von einer schweren Zeit, einer sehnsuchtsvollen, teilweise quälenden, auch schwärmerischen Suche nach einer religiösen Haltung, einem Lebenssinn, einer Zukunft. Das Ringen um Demut und die Integration ihres Glaubens in ihr zukünftiges Leben muss sie ohne Unterstützung von Schwester Agnès ausmachen. Sie kann sich über ihre Gedanken und Probleme nur mit Lydia und einem deutschen Priester austauschen. Der hier so ungezwungen gelebte Katholizismus mit dem täglichen Kirchgang, das geistige Leben sowie die selbstverständliche wohltätige Arbeit der Oberschicht sind neu für sie und tun ihr gut. »Hier gab es in anregender Diskussion Antworten auf viele Fragen. Alltag und Sonntag standen im Licht und Segen der Kirche. Wo sie westfälische Erde betrat, begegnete sie altem katholischen Erbgut in den Familien, in Bildungsbestrebungen, in der kirchlichen Kunst, im Volksleben.« (Helene Weber, die Autorin dieser Sätze, kennt diese Kulturlandschaft selber gut.) Ellen Ammann genießt es, nicht mehr heimlich, versteckt, sondern frei nach ihrer Überzeugung leben zu können. Zugleich graut ihr ein bisschen vor dem alten Leben: »Und schwer wird das zurückkommen in die alten Verhältnisse, was die Religion betrifft.«

Ellen lernt auch praktische Dinge: die deutsche Sprache, einem Haushalt vorzustehen und Gesellschaftsfähigkeit. Das alles wird ihr später zugutekommen. Die Freifrau, ihre Gastmutter, schreibt Ellens Eltern 1889: »[...] je mehr wir die liebe Ellen kennen lernen, um so mehr lieben und schätzen wir sie ihrer vortrefflichen Eigenschaften wegen [...] Sie hat einen so vortrefflichen, liebenswürdigen Charakter, so große Geistes- und Herzensanlagen, nach außen vereint mit einer großen Demut und Bescheidenheit, was alle ganz ungemein einnimmt.«

Hier, in der wohltuenden Distanz, findet Ellen zu einer Einigung mit dem Vater. Zunächst hatte sie immer noch vor, mit Lydia Lehramt zu studieren oder ins Kloster zu gehen. Im Februar 1889 aber schreibt sie der Freundin, sie habe sich Vaters Willen gebeugt: Im Mai meldet sie sich am Zentralinstitut für Heilgymnastik in Stockholm an. »Ich versuche zu sagen ›Fiat voluntas tua, Domine!‹ und Friede habe ich nun, Gott sei Dank!«

STUDENTIN DER HEILGYMNASTIK

Carl Sundström kränkelt schon länger; worunter er litt, ist nicht bekannt. Im August 1889 reist er nach Deutschland, um Ellen abzuholen. Doch während seines Aufenthalts bei der Familie Heereman wird er pflegebedürftig und muss in Deutschland bleiben. So reist Ellen Ende des Monats alleine nach Hause. Der Abschied von ihrer Gastfamilie fällt schwer, und ein freundschaftlicher Kontakt bleibt zeitlebens bestehen. Clemens von Heereman wird später sogar Pate eines ihrer Söhne.

Entgegen der ersten Prognosen ist Carl Sundström unheilbar krank. Er stirbt am 24. Oktober in Osnabrück. Seine Frau reist zu spät nach Deutschland und kann sich nur noch von einem Toten verabschieden. Die Lebenssituation der Sundströms ändert sich nun gravierend. Mutter Lilly arbeitet zwar als Journalistin, muss aber trotzdem Zimmer der geräumigen Wohnung vermieten. Harriet studiert Kunst, Ellen besucht seit September 1889 das Generalinstitut des berühmten Dr. Zander, um die ungeliebte Heilgymnastik zu erlernen. Aber sie lebt das Prinzip des »Fiat«, des Tuns: Die anfängliche Ablehnung wandelt sich im Laufe der Zeit zu Interesse, und letztlich gewinnt Ellen eine gewisse Befriedigung im Studium.

In den Biografien von Godin und Neboisa steht, dass Ellen Medizin studieren wollte oder gar studiert habe. Das ist eine Information, die sie später selbst in die Welt setzen lässt: 1908, als sie in München eine Person des öffentlichen Lebens ist, bittet sie Lydia, ein Medizinstudium in einem wie immer gearteten Text unterzubringen: »Wenn Du jemals etwas über mich schreibst, so erwähne nicht, daß ich im Generalinstitut gewesen bin. Hier würde mir das sehr schaden, nachdem man nichts anderes weiß (oder versteht) als daß alle ›Masseure‹ einen Beigeschmack haben.« Diesen Dienst erweist ihr die Freundin später.

OTTMAR AMMANN TRITT IN ELLENS LEBEN

Im November 1889 zieht für ein paar Wochen ein Untermieter in die Wohnung der Sundströms: der Münchner Orthopäde Dr. Ottmar Ammann. Er ist ein einsamer Mann auf der Suche nach einer beruflichen Zukunft, wohl auch nach einer Frau. Seit einem Jahr ist er auf Reisen und nutzt jede Gelegenheit zur Fortbildung. Nun möchte er die schwedische Heilgymnastik näher kennenlernen.

Ellen erzählt ihrer Freundin von dem Hausgast: »Unser deutscher Doktor, [...] ein netter, ruhiger, guter und frommer Mann, neunundzwanzig Jahre alt, dem gleichen Glauben zugehörig wie wir, [...] unterhielt uns gut und machte es uns angenehm.« Und auch Ottmar erinnert sich später: »Sie taten alles, um mir meine Einsamkeit vergessen zu lassen. So entwickelte sich ganz unbemerkt ein Zusammengehörigkeitsgefühl, das es mir schwer machte, ans Abschiednehmen zu denken.«

Zurück in Deutschland stellt er fest, »daß mein Herz in Stockholm geblieben und daß es dort in guten Händen war. [...] Zudem hatte ich Ellen einmal unbemerkt in St. Eugenia beten sehen und mir gedacht, daß man mit einem Mädchen, das so beten kann, das Leben wohl riskieren könnte.« Er denkt ans Heiraten, bittet aber sicherheitshalber einen Freund, sich bei der Freifrau von Heereman über Ellen zu erkundigen. Er kennt Clemens, einen der Söhne der Familie, aus der Schulzeit in Feldkirch. Ellens Gastmutter berichtet ihm nur Gutes: »Wenn dieselbe sich entschließt zu heiraten, wird sie, bei ihrer Berufstreue, ihrer auffallenden Einsicht, vielseitigen Begriffen und besonders energischem Willen, sich ohne jeden Zweifel die nötigen Eigenschaften erwerben, welche zur guten Führung eines Haushaltes erforderlich sind.«

Ottmar ist sich jetzt sicher und macht der Angebeteten im Februar 1890 von München aus einen schriftlichen Antrag.

Die Familie Ammann
Ottmars Vater war der Münchner Zahnarzt Dr. Friedrich Wilhelm Ammann (1811–1866). Die Familie seiner Mutter Marie von Hellingrath (1825–1888) gehört seit 1844 zum bayerischen Adel; über sie bestehen Beziehungen zu einigen bedeutenden Münchner Familien. Ottmars Cousin Philipp von Hellingrath z. B. wird 1916 bayerischer Kriegsminister.
Ottmar Ammann, geboren am 8. Juni 1861, besuchte das Jesuitengymnasium in Feldkirch (Vorarlberg) und studierte von 1881 bis 1886 in München Medizin, führt danach eine kleine Praxis. Von seinen Geschwistern lebt zu jener Zeit nur noch Irene (1864–1893), Lehrerin und sehr musikalisch, die 1889 ein Leben im Kloster der Ursulinen in Innsbruck gewählt hat. Ottmar Ammann stirbt am 4. August 1939, rund sieben Jahre nach seiner Ehefrau.

Ellen lehnt ab. Sie sei zu jung, antwortet die 19-Jährige ihm, man kenne sich nicht genug und sie brauche auf jeden Fall bis zum Sommer Bedenkzeit. Ihren Lebenstraum, das Klosterleben, erwähnt sie nicht. Aber davon hat sie sich bereits verabschiedet, wie sie Lydia schreibt: »Siehst Du, Lydia mein, ich glaube nicht, daß Gott mir die Berufung zum Klosterleben gegeben hat – leider – und Du kannst Dir nicht vorstellen, wie viele Tränen ich darüber vergossen habe. [...] Aber es ist nicht so leicht, das Ziel aufzugeben, für welches man bisher gelebt und gearbeitet und sich darnach mit ganzem Herzen gesehnt hat. Es ist schwer, von dieser Perspektive von Frieden und Ruhe wegzugehen und von dem Gedanken, IHM durch vollkommene Reinheit und so weiter nahe zu stehen, wie wir können.«

Wieder muss sie einen inneren Kampf ausfechten, der seinen Ursprung im Wunsch eines Mannes hat. Der ist ungeduldig, reist in der Karwoche mit der Absicht nach Schweden, die geliebte Frau umzustimmen. Das geht beinahe schief: Ellen fühlt sich überrumpelt und reagiert schroff.

Erst am Tag von Ottmars Abreise gibt sie ihm vor gepackten Koffern das Ja-Wort. Die beiden verloben sich am Karfreitag, dem 4. April 1890.

VERLOBUNG UND HOCHZEIT

»Ich bin verlobt und von Herzen glücklich, glaube mir«, erfährt Lydia. »Nun endlich, Gott sei Dank, bin ich zu der Überzeugung gekommen, daß ich Ottmar liebe und zwar genügend, um ihm folgen zu können ungeachtet der großen Opfer, die gefordert werden.« Zweifel bleiben allerdings nicht aus; im August schreibt sie: »Aber ach, ich habe einen so dummen Stolz, der es schwer macht, sich einem Mann unterzuordnen. Im Übrigen ist es nicht leicht, den Mittelweg zu finden in so einer Sache, besonders wenn Ottmar fest auf seinen Willen besteht und um seine Macht besorgt ist.«

Ellen Sundström und Ottmar Ammann als Brautpaar, 1890

Die junge Frau hat ihre Rolle im Leben noch nicht recht gefunden, fürchtet sich und freut sich zugleich: »[...] ich bin glücklich, [...] daß ich einen solchen zum bleibenden Mann bekommen habe. [...] So rein, so fein, gut und liebevoll, so klug, so fromm und unverdorben sind nicht viele Männer mit neunundzwanzig Jahren in unseren Tagen. Doch ich bin schon immer, wie jemand sagte, ›l'enfant gâté au bon Dieu‹ [das verwöhnte Kind des guten Gottes] gewesen. Wenn ich dessen bloß würdig sein könnte!« Wer kennt diese Zweifel vor einer Lebensentscheidung nicht?

Bei der Hochzeit am 4. Oktober 1890 gibt Ellen Sundström die schwedische Staatsbürgerschaft auf, wird Bayerin und nun auch offiziell Katholikin. Sœur Agnès schenkt ihr ein Gebetbüchlein, das sie durch das ganze Leben begleiten wird.

2 Eine Schwedin in München 1890–1904

»Wenn wir am Altar dem Manne Treue schwören, übernehmen wir die Verantwortung für die Seele des Mannes und für die Familie, die Gott uns schenken wird.«

(Ellen Ammann, 1892)

Im Spätherbst 1890 kommt das junge Paar nach einer kurzen Hochzeitsreise, bei der die Heeremans und Ottmars Schwester Irene Ammann in Innsbruck besucht werden, in München an. Sie ziehen in Ottmars Elternhaus in der Landwehrstraße 4. Freunde und Verwandte des Bräutigams empfangen die beiden kalt, sie tragen ihm nach, dass er zwei Jahre zuvor mit seiner Schwester Deutschland ohne Abschied verlassen hatte. Ellen erwartet kein leichter Anfang in ihrer neuen Heimat!

DIE ORTHOPÄDISCHE PRAXISKLINIK

Ottmar führt in der Landwehrstraße eine orthopädische Praxis, der er 1892 eine Klinik, die »Heilanstalt für Orthopädie«, anschließt. Hier behandelt er orthopädische Fälle, wendet dabei auch die schwedische Heilgymnastik an. Außerdem gehört ihm eine Villa in Niederpöcking am Starnberger See. Das Haus möchte er als Sommerklinik nutzen und lässt dafür 1894 eine große Terrasse und darunter einen Gymnastiksaal bauen.

Der Großteil seiner Patienten kommt von Berufsgenossenschaften. Es dürften vor allem Eisenbahner (der Hauptbahnhof ist nicht weit) sein und Bauarbeiter oder sogenannte Mörtelweiber (Gelegenheitsarbeiterinnen, die den Mörtel rühren und auf die Baustellen schleppen), denn in der Stadt wird viel gebaut. In der Innenstadt liegen auch zahlreiche Kliniken und Fabriken, die Patienten schicken können.

Zunächst läuft der Betrieb recht gut. Die Baugenossenschaft, sein Hauptkunde, drängt auf Vergrößerung. 1898 verkauft Ottmar sein Elternhaus, Familie, Praxis und Klinik ziehen in die Theresienstraße 25, wo er Vorderhaus und Rückgebäude mit jeweils drei Stockwerken erworben hat. Hier gibt

Die private Kapelle der Familie Ammann in der Theresienstraße, der hl. Birgitta geweiht

es jetzt zahlreiche Betten, Gymnastiksäle und eine Kapelle, die der schwedischen Nationalheiligen Birgitta geweiht ist.

1902 lässt Ottmar Ammann sich für die konservative, katholische Zentrumspartei aufstellen, was ihn Patienten aus den Genossenschaften und nicht zu verachtende Einnahmen kostet.

EINGEWÖHNUNGSPROBLEME

Ellen übernimmt Hauswirtschaft und Verwaltung in Praxis und Kliniken – 18 Jahre lang wird das ihre Aufgabe sein. Patienten und Personal, 30 bis 40 Personen, sind zu betreuen. Viel Arbeit wartet also auf sie und ihren Gatten.

Die junge Ellen hat feste Vorstellungen von der Ehe, die sie in einem Buch formuliert findet und im Poesiealbum notiert: »Hier ist eine junge Frau, eine Christin, deren Religion ihr die Ehe durch folgende Formeln festlegt: Absolute Treue, grenzenlose Hingabe, vollkommene Selbstverleugnung, unerschütterliche Liebe. – Diese Frau will nichts sich selbst vorbehalten, weder ihre Freiheit, noch ihren Willen, noch ihr Leben. So sind in ihren Augen die Forderungen des göttlichen Gesetzes und sie unterwirft sich ihnen mit Freude.«

Ganz so freudvoll gestaltet sich das Unterwerfen aber nicht. Das würde sich auch schlecht mit der Freiheit vertragen, auf die Ellen dann doch nicht verzichten mag und die sie benötigt für das caritative Wirken, das ihr vorschwebt. »Das Eingewöhnen im fremden Land war für Ellen nicht leicht«, so sieht Ottmar rückblickend die ersten Jahre. »Ich selber hatte keinen Begriff davon, wie schwer man sich in einem fremden Land eingewöhnt [...]. Ich machte mir natürlich alle möglichen Pläne, wie ich es Ellen heimelig und gemütlich machen könnte, aber ich wurde mir nicht klar darüber, ob das, was ich da ausdachte, auf die kleine Frau in ihrer Vergangenheit auch so wirkte, wie ich hoffte [...]«

Ellen hat nicht nur Heimweh, sie fühlt sich fremd. Keine Familie ist da, um die junge Frau freundlich aufzunehmen, eigene Freunde müssen erst gefunden, der bayerische Dialekt und die ganz andere Kultur verstanden werden. Und: In München ist man um einiges konservativer, als Ellen es aus Schweden gewohnt ist. Sie denkt »in vielem freier [...] als die Frauen hier«. Gut, dass schon im Herbst 1891 Schwester Harriet für drei Jahre nach München kommt. Sie studiert an der bekannten »Damenakademie«, einer privaten Einrichtung; an der Königlichen Akademie der Bildenden Künste werden bis 1920 keine Frauen zugelassen. Die Ausstellungen und Feste dieser ›Malerinnenschule‹ der Künstlerinnenakademie sind berühmt, man kann annehmen, dass Ellen hin und wieder daran teilnimmt. Besuche von Mutter Lilly und Praktikantinnen aus der Heimat helfen, das Heimweh zu ertragen.

EHEKRISEN

Mitten in der Aufbauarbeit werden Ellen und Ottmar im Frühjahr 1891 krank. Ottmar hat sich ein lebensgefährliches großes Furunkel im Gesicht zugezogen; vor Entdeckung des

Antibiotikums (1928) ist solch eine Entzündung gravierender als heute. Ellen erleidet zur selben Zeit eine Fehlgeburt.

An den Ehealltag kann Ellen sich nach wie vor nicht ohne weiteres gewöhnen, das hat sie schon im Verlobungssommer geahnt. Ottmar versucht, ihre Schwierigkeiten zu verstehen: »[...] vielleicht, weil ich immer noch nicht begriff, was eine junge Frau für Opfer bringt, wenn sie mit ihrem Mann in ein fremdes Land zieht, [...] besonders am Anfang, bis man sich ganz an einander gewöhnt hat und Freunde und Bekannte bekommen hat.« Aber es gibt in den ersten Ehejahren auch echte Krisen, wie sich Briefen entnehmen lässt. »Du verstehst wohl«, schreibt Ellen 1892 an Lydia, »am Anfang hatte ich es zuweilen schwer. Ich wollte wohl nicht herrschen, mich aber auch nicht beugen. Wohl kannte ich das Gebot: ›Er soll dein Herr sein‹, das für mich eine Last war, die sich eher vergrößerte als verringerte mit der Zeit. Nicht deswegen, weil Ottmar zu weit gehen wollte. Nein, er hatte große Geduld, aber ich setzte meinen Eigensinn zu meinem Gefühl für Freiheit und mischte sie so zusammen. In diesem inneren Streit fühlte ich mich höchst unglücklich. Ich war nicht zufrieden mit mir selbst. Ich wußte, daß ich unrecht handelte und dennoch wollte ich nicht. Na, schließlich dachte ich, daß damit Schluß sein müsse und ich sprach über alles mit Ottmar. Er schalt mich ein wenig und sagte, wie unglücklich auch er sich gefühlt habe. Seitdem ist alles gut.« Ottmar findet auch: »Als dann die Kinder kamen, war wohl das Schlimmste überstanden.«

Doch ganz stimmt das wohl noch nicht, denn im Jahr 1897 schreibt Ellen an die 28 Jahre ältere Baronin Marie von Hohenhausen, ihre Freundin und geistige Begleiterin: »Ach liebste Baronin, immer wieder die alte Frage! Soll die Frau denn wirklich immer nur schweigen und tragen [...]? Eine Frau und Mutter hat doch ein Recht im Haus (nicht daß es mir selbst beschnitten würde!) und auch außer dem Hause – warum nicht dasselbe Recht wie der Vater und Mann? Immer noch kann ich mich in die Forderung des Duldens nicht ganz finden! Sie sehen, immer noch nicht habe ich verzichten gelernt auf meinen eigenen Willen!«

Irgendwann gewöhnt sie sich, wie sie das immer tut, an das neue Leben – »Heimweh kommt nur noch mit den Schwalben« –, und Ottmar und Ellen raufen sich zusammen. Ins Gebetsbüchlein der geliebten Schwester Agnès schreibt sie: »Herr, du bist es, der mir in dem Gatten, dem du mich verbunden hast, einen Führer für meine Unerfahrenheit, einen Beschützer für meine Schwäche, einen treuen Freund in guten und schlechten Tagen, in der Freude wie im Kummer gegeben hast.« Den Freund hat sie in Ottmar ganz bestimmt gefunden, denn er wird ein treuer Unterstützer ihrer zukünftigen Arbeit sein.

FAMILIENGRÜNDUNG

Im März 1892 kommt das erste Kind, Albert, zur Welt, zwei Jahre später wird Rolf geboren. Als Mutter und Baby reisefähig sind, verbringt Ellen 1894 ein paar Wochen bei der Mutter in Schweden. Ein Brief an Ottmar erlaubt die Vermutung, dass das nicht nur der Erholung dient, sondern auch, um etwas Abstand zu gewinnen: »[...] es ist sehr lieb von Dir, mich noch ein wenig hier zu lassen, es tut mir gut in geistiger und körperlicher Beziehung. Ich war ziemlich müde zuhause und alles ärgerte mich so; – jetzt sehe ich, wie andere es haben und ich so gut, – wieviel Glück Gott mir und Dir gegeben hat. Hoffentlich wird diese Trennungszeit Dir nicht nur wieder eine ganz gesunde, sondern auch eine liebere, eine ruhigere und geduldigere Frau verschaffen, Du lieber guter Mann, Du! Siehst Du, ich kann meine Liebe nicht wie andere ausdrücken, ich glaube aber, sie ist darum eher tiefer, sie hängt nicht von den äußeren Kleinigkeiten ab, sie ist ein Teil von mir selbst; ich muß lieben – und das ist Glück!«

Bis 1903 bringt Ellen Ammann sechs gesunde Kinder zur Welt, erleidet aber auch mehrere Fehlgeburten. Bis auf Albert und Maria ist über die Kinder fast nichts bekannt (s. S. 35).

Für die Kinder haben die Eltern oft wenig Zeit. Die Praxis und später Ellens soziales Engagement binden ihre Kräfte. Es ist aber immer eine vertraute Person im Haus, sei es eine Angestellte, jemand aus der Familie, eine Gymnastikschülerin aus

Ellen und Ottmar Ammann mit den Söhnen Albert und Rolf, 1894

Schweden oder später eine junge Frau aus dem Kreis der Frauenbündlerinnen. Sobald die Kinder groß genug sind, kommen sie für eine Weile in ein Internat, manchmal auch zur Großmutter nach Schweden. Ellen Ammann weiß natürlich, dass die Kinder sie brauchen, aber sie setzt Prioritäten: »Ich kann mich ihnen nicht immer so völlig widmen wie ich gerne möchte, denn der Tag hat eben nur 24 Stunden und darum müssen sie mich manchmal entbehren [...] Vielleicht sind meine Kinder gerade darum zu besonders selbständigen Menschen geworden, weil ich ihnen so oft das Opfer auferlegen mußte, auf mich zu verzichten.« Dass sie ihnen dennoch nahe ist, davon sprechen die Briefe, in denen sie die Kinder häufig erwähnt, von ihrer Entwicklung, von Sorgen und Freuden erzählt.

Wie wir gesehen haben, sind schon Ellen und ihre Schwester nicht unbedingt nach herkömmlichen Vorstellungen erzo-

Die Kinder der Familie Ammann

- Albert: * 3. März 1892, † 1974. Theologe, Kirchenhistoriker.
- Rolf: * 24. Februar 1894, † 1971. Dr. Ing., Prokurist und Chef des Konstruktionsbüros einer Mannheimer Firma; er lebt nach dem Zweiten Weltkrieg in den USA.
- Hugo: * 1. März 1896, † unbekannt. Leitende Funktion in einem Industriebetrieb am Rhein, dann Kaufmann in Hongkong und Shanghai.
- Erik: * 26. Juli 1897, † unbekannt. 1919–1932 in Argentinien, wo er eine Farm betreibt, lebt dann als Kaufmann in Rolfs Firma in Hongkong.
- Maria: * 5. April 1900, † 14. Oktober 1972. Nach dem Studium der Volkswirtschaft und Philosophie leitet sie von 1929 bis 1961 die social-caritative Frauenschule. 1965 erhält sie den Bayerischen Verdienstorden.
- Franz: * 2. Juli 1903, † unbekannt. Dr. Ing.

In den »Lebenserinnerungen« erwähnt Ottmar Ammann Aktivitäten von ihm, Rolf, Hugo und Erik, die sich nicht nur gegen die revolutionären Regierungen 1918/19, sondern auch gegen die junge Republik richten. Wie Ellen Ammann, die der Monarchie nachtrauert, dazu steht, dazu finden sich kaum Äußerungen bzw. Beurteilungen. Dass sie für sich den Antisemitismus und die staatsfeindlichen Aktionen der Nationalsozialisten nicht guthieß, ist bekannt.

gen worden – besonders nicht aus deutscher Perspektive zu jener Zeit. Ähnlich ist das bei den Ammanns auch. Sohn Franz erzählte der Biografin Neboisa: »Sie hat überhaupt versucht, uns dazu zu bringen selbständig zu sein. So mußten wir zum Beispiel lernen, Knöpfe anzunähen und unsere Strümpfe zu stopfen. Draußen in Starnberg war es vollkommen klar, da hatten wir sechs Wochen Ferien und jede Woche hatte ein anderes Kind Küchen- und Hausdienst. Dabei mußte etwas Kochen und das Saubermachen gelernt werden. Da war alles ganz klar und präzise eingeteilt [...]«

Die ganze Familie Ammann in Tracht beim Urlaub in Hindelang im Allgäu, 1904. Vor dem Vater steht die kleine, zierliche Ellen.

Die Selbständigkeit der Kinder verschafft der Mutter Freiraum. Das Familienleben wird trotz der vielfältigen Aufgaben der Eltern aber sehr wohl gepflegt, und auch die Gottesdienste besucht man gemeinsam. Es gibt Haustiere, Ellen hat die Begeisterung für Sport mitgebracht (dazu gehört auch »Schwedenturnen« mit Patientenkindern und den eigenen Sprösslingen): Wandern und Bergsteigen, Schwimmen, Skifahren in Dachau (man hat die ersten Schneeschuhe in Bayern) und die Urlaubstage im Allgäu sind der Familie sehr wichtig. Daheim wird von allen Kindern, auch von der einzigen Tochter Maria, viel handwerkliche Arbeit betrieben. Rolf, Hugo und Erik sind bei den Pfadfindern. Sogar Zeit, mit den Kindern zu lernen – vor allem in Fächern, in denen sie selber dazulernen kann, wie beispielsweise Latein –, findet Ellen noch. Auch der Nachwuchs zeigt – wie die Eltern – katholisches Engagement: Die Großen entwickeln ein Nachmittagsprogramm für Erstkommunionkinder, es werden Kinderlesehallen eingerichtet, ebenso Patronagen für Schulentlassene und Jugendabteilungen des Frauenbunds, an denen sie beteiligt sind.

Natürlich hat Ellen dabei – wie vielleicht jede berufstätige Mutter – Zweifel. Noch 1908 erinnert sie sich: »Es war eine schreckliche Mühe, alle Kinder zur Schule zu richten und zuweilen denke ich, die fünf Buben werden mir das Leben nehmen im Winter, denn sie toben gründlich.« Tochter Maria erinnert sich: »Das Ammannhaus war stadtbekannt, in ihm herrschte rege Hilfsbereitschaft und frohe Geselligkeit. Freunde, Bekannte, Verwandte und Fremde. Reiche und Arme, Hilfsbedürftige und im Helfen Erfahrene gingen im Ammannschen Hause ein und aus. [...] So wurde meine soziale Neigung von früher Kindheit an gefördert. [...] Dabei war mir meine Mutter das große Vorbild, dem ich nacheiferte.«

Vorbehalte gegenüber der Mutterschaft als Lebensaufgabe verspürt Ellen trotz allem. »Besteht das Seelenheil wirklich darin, dass ich mich nur für die Familie aufopfere?«, fragt sie 1904 ihre Freundin Ameley Sepp – obwohl sie sich ja schon längst für den anderen Weg zum Seelenheil, nämlich das Wirken für die große Familie der Katholikinnen, entschieden hat.

VERBINDUNGEN

Schon bald beginnt Ellen Ammann, sich außerhalb ihres familiären Umfelds zu engagieren. Wie aber, fragt man sich, kommt sie als Fremde, als »Zugereiste« in die Aktion, zum Tun? Da ist zunächst die Arbeit in der Klinik. Hier sieht sie eine andere Seite der Stadt, kommt in Kontakt mit Not und Bedürftigkeit. Das Personal für Institut und Haushalt will geführt sein – eine gute Übung für später.

Ottmar Ammann ist mit einflussreichen Familien verwandt oder bekannt. Auch zukünftige wichtige Beziehungen

Ellens wurzeln in seiner Jugend: Benno (damals noch Leonhard) Auracher, später Kapuzinerpriester, war ›Instruktor‹ (Lehrer/Erzieher) des 18-jährigen Ottmar und Irene Ammann eine gute Freundin von dessen Schwester Ameley (später verheiratete Sepp). Sie begegnen uns beide in Kapitel 6.

Auch die Kontakte der jungen Familie zu Priestern basieren auf diesen Beziehungen: Ottmars Mutter hatte nach dem Tod ihres Mannes Trost bei den Kapuzinerpatres in St. Anton gefunden, über die Straße vom Südlichen Friedhof, wo Wilhelm Ammann ruht. So wird Cölestin Schwaighofer nach 1893 für Ellen zu einem geistlichen Berater und Freund.

Cölestin Schwaighofer
Um 1893 kommt Cölestin Schwaighofer, ein Kapuzinerpater aus Deggendorf, nach München und wird geistlicher Ratgeber von Ellen Ammann. Er bleibt das auch, als er 1901 nach Altötting versetzt wird. Ab 1914 ist Schwaighofer als Konsultor verschiedener Kongregationen viel unterwegs. Außerdem hat er als Beichtvater von König Ludwig III. sowie des österreichischen Kaiserpaars Karl und Zita Beziehungen in höchste Kreise und verfügt entsprechend über Einfluss. Seine letzten Lebensjahre verbringt er wieder in München.

Ein Brief Ellens vom Dezember 1908 an Lydia schildert recht gut, wie wichtig für sie die Arbeit mit den Menschen ist. Sie beklagt bitterlich den Weggang der Gräfin Pauline von Montgelas, Kollegin im Mädchenschutz und seit kurzem auch Freundin, und erklärt ihr: »Ich finde bloß eines im Leben, das lebenswert ist: seinen Mitmenschen helfen um seinetwillen und so sie für Ihn [= Gott] gewinnen. Der Durst nach Seelen macht uns am glücklichsten.« Die Gräfin bedankt sich daraufhin bei der »Frau, die mir einst in Jahren der Gährung den Weg zur Arbeit, zu meiner Arbeit gewiesen. Dem großen Vorbild glühenden Eifers, der Nordländerin mit dem tief gründenden Sinn und dem heißen Herzen, der innig geliebten Ellen.«

3 Mädchenschutz und Bahnhofs-mission 1895–1897

»Vergessen wir nie, daß die Aufgabe unseres Vereins ebensowohl eine soziale als eine caritative ist.«

(Ellen Ammann, 1901)

1895 ist wieder ein Jahr der Zäsur für Ellen Ammann. Sie ist 25 Jahre alt und lebt seit fünf Jahren in München. Sie hat sich eingewöhnt, gesellschaftliche Kontakte geknüpft, Freundschaften geschlossen und mit Cölestin Schwaighofer einen Geistlichen gefunden, dem sie vertraut. Darüber hinaus hat sie reichlich zu tun: Zwei Kinder sind bereits da, das dritte ist unterwegs. Dazu kommt noch die Arbeit in der Praxis ihres Mannes. Hier sieht sie unvermittelt, wie es den nicht so gut gestellten Menschen, den Arbeiterinnen und Arbeitern der Residenzstadt geht.

Gesellschaftlicher Wandel
Die Lebensbedingungen in Bayern haben sich seit etwa 1850 sehr verändert, sind schwieriger geworden. Der Wandel von der Agrar- zur Industriegesellschaft ging einher mit Bevölkerungsexplosion, Arbeitsmigration, Zuzug in die Städte einerseits und weiterer Verarmung breiter Schichten andererseits. Die Mädchen (auch die Männer) auf dem Land finden in der Familienarbeit und in der Landwirtschaft immer seltener ein Auskommen und ziehen auf der Suche nach Arbeit zu Tausenden in die rasant wachsenden Städte. Dort werden Dienstmädchen, Ladnerinnen oder Kellnerinnen gebraucht, später auch Arbeiterinnen und Bürokräfte.
In München ist das Bevölkerungswachstum besonders groß. 1880 hatte die Stadt 230.000 Einwohner, 1895 sind es schon 407.000. In diesem Jahr sind von 65.828 hier lebenden Frauen, die zwischen 16 und 30 Jahre alt sind, weniger als ein Drittel in München geboren.

GEFAHREN DER GROSSSTADT

Die Mädchen, die in der Stadt ankommen, haben keine Vorstellung davon, was sie erwartet, wenn sie nicht auf der Hut sind: Ausbeutung, Prostitution und Mädchenhandel. Vor allem der Mädchen-/Frauenhandel ist seit etwa 1860 ein großes internationales Problem. Dank der besseren Reisemöglichkeiten (Eisenbahn, Dampfschiff) sind die Menschen mobiler geworden, die Migration, sei es aus wirtschaftlichen oder religiösen Gründen (Judenpogrome in Osteuropa), nimmt stark zu. So kommen auch viele junge, unerfahrene Frauen. An den Bahnhöfen stehen Männer (auch Frauen), die den Ankommenden das Blaue vom Himmel versprechen. Sie bieten Hilfe an oder treten als Stellenvermittler auf, sind jedoch in Wirklichkeit oft Mitglieder internationaler Agenturen. Sie locken die, die ihnen vertrauen, in Bordelle oder schicken sie ins Ausland in die Prostitution.

Es gibt bereits Bewegungen, die sich um das Wohl der Frauen kümmern. In der Schweiz entstand 1877 der protestantische »Verein der Freundinnen junger Mädchen«. Ab 1882 ist er auch in München aktiv. Seine Mitglieder empfangen die Mädchen am Bahnhof und bieten an, bei der Suche nach Arbeit oder Unterkunft zu helfen. 1893 erhalten sie die Erlaubnis, an allen bayerischen Bahnhöfen mit Plakaten auf ihre Einrichtung hinzuweisen, und betreiben in München und Nürnberg eine Bahnhofsmission.

EIN VEREIN FÜR DIE MÄDCHEN

Der weitsichtige, sozial denkende Pater Cyprian Fröhlich kennt die protestantische »Innere Mission« und den »Verein der Freundinnen« gut. 1895 stellt er in einer viel beachteten Rede deren Arbeit vor: »In Deutschland gibt es wohl 2000 Freundinnen [...]. Reist ein junges Mädchen in eine andere Stadt, so gibt ihr die ›Freundin‹ ein Buch mit, welches nebst guten Ratschlägen, die Adressen von anständigen Logierhäusern, Mägdeherbergen, Stellenbureaux und dergleichen enthält. Ferner gibt ihr diese Dame eine Empfehlung an eine ›Freundin‹ mit, so daß das junge Mädchen sicher ist, in der

Cyprian Fröhlich
Franz Xaver Fröhlich (1853–1932) kommt in Oberfranken zur Welt, studiert zunächst, wendet sich 1875 der Theologie zu, wird 1877 zum Priester geweiht und tritt in den Kapuzinerorden ein. Er beschäftigt sich als Soziologe mit den Lebensbedingungen gefährdeter Kinder, gründet und betreibt mit anderen das »Seraphische Liebeswerk«, ein Kinderhilfswerk der Kapuziner, und ist einer der Gründungsväter des Caritasverbandes. 1893 wird er nach Altötting berufen, von etwa 1895 bis 1902 wirkt er in München. Nach weiteren 20 Jahren in Altötting und Missionsreisen in Osteuropa lebt er ab 1927 im Münchner Kloster St. Anton. Sein Grab befindet sich im dortigen Klosterfriedhof.

fremden Stadt eine Ratgeberin zu haben.« Das imponiert ihm, das nimmt er sich zum Vorbild für den katholischen Mädchenschutz. Der Pater spricht auch von einer »Verprotestantisierung Deutschlands«, die durch die Bestrebungen der »Inneren Mission« weitere Kraft gewinne. Deshalb müsse man die katholischen Anstrengungen verstärken, damit nicht »alljährlich hunderte und hunderte von Mädchen ihrem hl. Glauben verloren gehen« – an die protestantischen oder die nichtkonfessionellen Vereine. Der Missionsgedanke im Inneren wird zu einem ähnlich starken Antrieb wie das soziale Empfinden.

1895 ruft Fröhlich zur Gründung des »Marianischen Mädchenschutzvereins« auf, wobei ihm gleich eine länderübergreifende Organisation vorschwebt. Mehrere Münchnerinnen folgen dem Aufruf. Eine Zusammenarbeit mit dem »Verein der Freundinnen junger Mädchen« ist wegen der Glaubensunterschiede nicht möglich. Im August konstituiert sich der Verein.

»IHRE LIEBE BESASS STARKE FLÜGEL«

So schreibt die Frauenrechtlerin und Politikerin Helene Weber 1912 über Ellen Ammann. 1896 beginnt die 26-Jährige,

Der »Marianische Mädchenschutzverein«
Gründungspräsidentin: Christiane von Preysing
stellvertretende Vorsitzende: Magda von Hartmann
1. Schriftführerin: Marie von Hohenhausen
Geschäftsführerin: Luise Fogt
Dazu kommt ein geistlicher Beirat.
Die Statuten nennen als Ziel, »alleinstehenden weiblichen Personen [...] mit Rath und That beizustehen und sie vor den Gefahren gegen Glauben und Sittlichkeit zu bewahren«. Schutzpatronin ist Maria, die »Mutter vom guten Rat«. 1897 übernimmt María de la Paz, Infantin von Spanien, verehelichte Prinzessin Ludwig Ferdinand von Bayern, das Protektorat des Vereins sowie des neu gegründeten Landesausschusses für Bayern.
Der »MMV« ist die erste überregionale katholische Organisation auf dem Gebiet der Frauenfürsorge. Er besteht bis heute. Ab 1965 heißt der Verein »Katholische Mädchensozialarbeit«, ab 1994 »IN VIA Katholische Mädchensozialarbeit« und heute »IN VIA München e. V. Katholischer Verband für Mädchen- und Frauensozialarbeit«.

diese Flügel auszubreiten: Marie von Hohenhausen lädt Ellen ein, im »Mädchenschutzverein« mitzuwirken. Sie nimmt »mit dem größten Vergnügen« an. »Es freut mich sehr, daß durch diese Gründung katholischerseits etwas zum Schutze der Frau geschieht. Daraufhin werden die Vorkämpferinnen der Frauenbewegung endlich nicht mehr sagen können, wir ständen den humanitären Bestrebungen unseres Jahrhunderts fremd oder gar feindlich gegenüber. So wird damit die Kirche auch Einfluß auf diese wichtigen Fragen bekommen und wir die Gewähr, daß die Bewegung sich in richtigen Bahnen entwickelt.« In der Klinik habe sie bereits sehen könne, was den Mädchen fehle, und diese Erfahrung bringt Ellen Ammann nun ein in die Arbeit, zu der es sie drängt: das »Wirken für die Frauen im katholischen Geist«.

Ammann wird Beisitzerin im Vorstand und bleibt es bis zum Tod. 17 Jahre lang dokumentiert sie zudem in den Jahresberichten die Ausbreitung der Schutzidee sowie die alltägliche Arbeit. Hier lernt sie zu organisieren, andere für ein ehrenamtliches Engagement zu begeistern und vor Publikum zu agieren. Sie und Luise Fogt sind national und international unterwegs und halten Vorträge, z. B. im Juni 1900 beim 2. Internationalen Kongress der Mädchenschutzvereine in Paris. Der nächste Kongress findet zwei Jahre später in München statt; die Münchnerinnen bekommen den Auftrag, die Statuten eines zukünftigen »Deutschen Nationalverbands« auszuarbeiten, der 1905 in Straßburg gegründet wird.

»WER SCHÜTZEN WILL, MUSS AUCH DER GEFAHR VORBEUGEN«

Zunächst wird Werbematerial (Druckschriften, Plakate und Flugblätter) erstellt und an zahlreiche Einrichtungen in Bayern verschickt bzw. in Waggons, an Bahnhöfen und Kirchen aufgehängt. Luise Fogt erarbeitet zudem ein Verzeichnis »aller bestehenden und überall nach Bedarf neuzuerrichtenden katholischen Schutz- und Hilfestellen« mit Adressen in ganz Europa, das Handbuch »katholischer Schutzhilfe«. Es erscheint 1897. Hier finden Seelsorger, Vereinsmitglieder sowie die Mädchen und ihre Familien Anschriften von Mitgliedern, Klöstern und Vereinen in ganz Europa.

Dieser sogenannte »Führer« gibt außerdem Ratschläge fürs Reisen sowie Verhaltensmaßregeln. Man möchte den Mädchen bei der Stellensuche helfen, ihnen gegebenenfalls eine erste Unterkunft anbieten. Auch in deren Heimatorten auf dem Land möchte der Verein durch sein Wirken im Vorfeld Tragödien verhindern. Die Bürgermeister und Pfarreien erhalten Informationen und Adressen und werden gebeten, die Mädchen nicht gänzlich unvorbereitet loszuschicken, die Eltern einzubeziehen. Und in den Städten appelliert man an die Fürsorgepflicht der Arbeitgeber, bittet sie zum Beispiel, den Mädchen Reisegeld zur Verfügung zu stellen.

Eindringliche Warnung vor den Gefahren, die allein reisenden jungen Frauen drohen

Die internationale Vernetzung kommt bald zustande. Deren Bedeutung betont Ellen Ammann 1904 in einer Rede: »Je mehr die verschiedenen Werke bekannt sind, je mehr sie miteinander verbunden sind, je intensiver können sie zusammenarbeiten, je besser erfüllen sie ihren Zweck, Seelen zu retten.«

In einem Referat auf der Generalversammlung des Frauenbunds im selben Jahr stellt sie klar, dass der Mädchenschutz noch viel mehr ist. »Ich sagte, zum Mädchenschutz gehöre alles, was dazu beiträgt, die Mädchen in geistiger und materieller Hinsicht zu schützen und sie an die Religion zu fesseln.«

Der Münchner Hauptbahnhof ist schon um 1900 eine Drehscheibe: Auf den 16 Hauptgleisen verkehren 1894 täglich 300 Züge, ca. 18.000 Reisende kommen an oder fahren ab, und die Zahlen steigen rasant. Schnell wird den Mädchenschützerinnen klar, dass man die jungen Frauen gleich bei der Ankunft erreichen muss, um ihnen wirkungsvolle Hilfe anbieten zu können. So sorgt Ellen Ammann dafür, dass es ab April 1897 einen »Empfangsdienst« direkt vor Ort gibt, nämlich die »Katholische Bahnhofmission am Münchner Centralbahnhof«, die erste katholische in Deutschland; Ammann steht ihr bis 1918 vor. Die Schirmherrschaft übernimmt wieder María de la Paz.

Was ist die Bahnhofsmissionarin?
Ellen Ammann selbst beantwortet diese Frage in einer Rede 1907 folgendermaßen: »Der Rettungsengel für oft schon vermarktete Seelenware, der barmherzige Samariter für die bedürftigsten und entblößesten [sic] Wanderer, die oft schon unter die Räuber geraten sind und denselben im letzten Moment entrissen werden, die hilfsbereite Führerin zu Herberge und Schutz, die mütterliche Beraterin in oft verzweifelten Fällen.«
Die Zielgruppe ist zu dieser Zeit übrigens nur weiblich! Das ändert sich später.

Schon im Januar erscheinen die ersten Helferinnen an den Bahnsteigen, »zum nicht geringen Erstaunen des Publikums«. An sie können die jungen Mädchen sich wenden, »um Auskunft und um jede Hilfe und zwar selbstverständlich unentgeltlich«. Die Helferinnen nehmen die Ankommenden direkt an den Zügen in ihre Obhut und unterstützen sie bei der Suche nach einer Unterkunft, bei der Stellenvermittlung und/oder

Der Münchner Centralbahnhof, erbaut von Friedrich Bürklein, 1895

anderen Problemen. 17 Jahre lang wird dieser Empfangsdienst an einem Tisch im südlichen Wartesaal abgewickelt, erst 1914 erhält die Mission eigene Räume bei Gleis 11.

VERSCHIEDENE FARBEN – EIN ZIEL

1897 stehen »Mädchenschutzverein« und »Freundinnen« also nebeneinander auf dem Bahnhof. Unterscheiden kann man sie an den Achselklappen: Die der Katholikinnen sind ›päpstlich‹ weiß und gelb, die der Protestantinnen schwarz, rot und weiß. Aber nur die katholischen Schutzdamen betreiben einen festen, regelmäßigen Dienst, 12 Stunden am Tag, sieben Tage die Woche.

Die Arbeit ist hart, »kein Sport von Damen, welche nicht recht wissen, was sie tun sollen«, weiß Ellen Ammann. Es ist »[…] kein besonderes Vergnügen stundenlang an den Bahnhöfen Wache zu halten […] Man ist dort Wind und Wetter ausgesetzt, stundenlang geht man ohne Arbeit, der Langweile anheimgefallen, um das nächste Mal so überhäuft zu sein, daß man kaum fertig wird. Nein, tausendmal nein, nur Liebe zu den Seelen, nur Liebe zu Gott lassen die Damen jahrelang am

Bahnhof aushalten! Es ist das ganze warme mütterliche Herz einer echten Frau notwendig, um diesen Dienst auszuhalten.« Das hat sie selber oft genug gemacht. Nicht selten ist Tatkraft gegen aggressiv werbende Männer angebracht: Oft wird die »Schutzfrau [...] durch die Energie und Geistesgegenwart, mit der sie ihr Ziel verfolgt, selbst das Opfer der enttäuschten Wegelagerer, die ihre Wut an ihr ausließen.«

Im Lauf der Jahre agieren die Frauen international, man hält telegrafischen Kontakt untereinander, informiert sich über Arbeitgeber im Ausland etc. Im Juni 1910 kann Ellen Ammann als Delegierte beim 1. Europäischen Kongress der Bahnhofsmissionen in Bern mit Stolz konstatieren: »Tatsächlich ist es in vielen Fällen Bahnhofsmissionen gelungen, Mädchenhändler zu entlarven und ganze Transporte von Mädchen aus solchen Händen zu retten.« Und sie erzählt von einer Dame, die gehört habe: »Seit die hier sind, gibt es wenig Spaß mehr!«

»ZUSAMMENARBEIT OHNE VERMISCHUNG«

Dass die Bahnhofsmission katholisch sein soll, ist von Anfang an klar. Ellen Ammann möchte ihren Glaubensgenossinnen einen eigenständigen Platz in der Frauenbewegung verschaffen. Die Bezeichnung ›Mission‹ ist wohlüberlegt gewählt. »Wir wollen am Bahnhof Seelen retten, wir wollen die Mädchen nicht nur vor den ernsten Gefahren der Großstadt bewahren, wir wollen ihnen zugleich bei ihrer Ankunft zeigen, was die katholischen Vereine für sie thun können und wollen, wir wollen sie auf dieselben hinweisen und hinführen und so dem schlechten Einfluß gleich einen guten entgegensetzen – wir wollen sie mit einem Wort an den Katholicismus fesseln«, heißt es im 3. Bericht des MMV für 1899. Die Mädchen sollen nicht ›aus Versehen‹ bei den Protestantinnen landen.

Dennoch nähert man sich langsam einer Zusammenarbeit an. 1901 wird ein bayerisches interkonfessionelles Komitee gegen den Mädchenhandel gegründet. Ellen Ammann ist natürlich dabei, wie sie 1904 nach Schweden schreibt: »Ich bin selbst im Bayerischen Landeskomitee, dem ich teilweise Impulse gegeben habe.« 1905 zeigt sie sich im Jahresbericht offen für eine

»Marianischer Mädchenschutzverein und die Bahnhofmission« (1904)

Ellen Ammann hält am 24. August 1904 auf einer separaten Versammlung des MMV beim 51. Deutschen Katholikentag in Regensburg einen Vortrag mit diesem Titel, »[…] wahrhaft begeisternd«, wie es später heißt. Separat deshalb, weil Frauen auf den Katholikentagen nur auf der Galerie zuhören dürfen. Nach einem historischen Exkurs betont sie darin, wie wichtig es sei, »daß recht viel von den Werken der katholischen Charitas [sic] gesprochen werde, einerseits, damit unsere irrenden Glaubensgenossen in den sog. ›evangelischen Wohltätigkeitswerken‹ oder die Ungläubigen in den vielgepriesenen Werken der Humanität, nicht etwas Neues, noch nie Dagewesenes sehen«. Dafür sei der Mädchenschutzverein auch gegründet worden. »Echt katholisch […] stellte er sich unter den Schutz unserer lieben Frau vom guten Rat. Einerseits sammelnd, einigend, verbindend, andererseits anregend, ergänzend, aufmunternd und unterstützend sollte der Marianische Mädchenschutzverein wirken. […] Wir wollen erreichen, daß nirgends in der Welt ein katholisches Mädchen unbeschützt stehen muß, wenn sie nicht will. Wo sie auch sei, soll sie wissen, daß man bereit ist, sie zu schützen, ihr zu helfen.«

Zusammenarbeit, die dann ab 1907 allmählich zustande kommt. »Das Zusammenarbeiten beider Vereine auf diesem Gebiete zeigt deutlich, wie wenig konfessionelle Vereine den Frieden stören, ja wie sie im Gegenteil eine gesicherte und geordnete Arbeit ermöglichen. Daß dieser Beweis in München von der Bahnhofmission in so sicherer Weise erbracht wurde, wird stets einer der schönsten Erfolge beider Vereine sein.«

Aber sie legt weiter Wert darauf, dass der katholische Charakter ›ihrer‹ Bahnhofsmission gewahrt bleibt, die Mädchen je nach Konfession vom entsprechenden Verein betreut werden. Der Jüdische Frauenbund wird erst ab 1910 einbezogen.

Ab 1906 übernimmt der »Katholische Fürsorgeverein für Mädchen, Frauen und Kinder« Teile der Arbeit in München. Ellen Ammann hat jetzt andere Aufgaben. Ab 1912 ist sie hier dann doch noch einmal aktiv: Sie bildet Schutzfrauen für die Bahnhofsmission aus. Unterstützt wird sie dabei von Pater Rupert Mayer – 1987 wird der Jesuit und NS-Widerstandskämpfer seliggesprochen –, der als Seelsorger speziell für die Zuwanderer berufen wurde. Daraus entwickeln sich auch die Sonntagsgottesdienste, die ab 1925 am Münchner Hauptbahnhof stattfinden.

Im Lauf der Jahre verändern sich die Aufgaben. Im Ersten Weltkrieg kümmert man sich auch um Männer, Soldaten und Verwundete, Arbeiterinnen, Arbeiter und Flüchtlinge. 1939 werden sämtliche Bahnhofsmissionen im Zuge der Gleichschaltung von Hilfsorganisationen und durch die sukzessive Verdrängung der Arbeit konfessioneller Institutionen verboten. Nach 1945 bauen die Kirchen die Missionen wieder auf. Die Bahnhofsmission gibt es heute noch, ihre Aufgaben sind sehr vielfältig geworden.

4 Frauenbewegung in Deutschland

»Man darf […] nicht vergessen,
daß bei all diesen neu auftauchenden Fragen
die interkonfessionelle Frauenbewegung entweder
längst an der Arbeit war oder sich die neuen Gebiete
als ein ›Monopol‹ zu sichern versuchte, daß es also galt,
die Katholikinnen, die meist ahnungslos waren,
worum es sich handelte und was auf dem Spiel stand,
zu schulen und dann in die Arbeit hinauszustellen.«

(Ellen Ammann, 1909)

DIE ERSTEN FRAUENVEREINE

Ab etwa 1850 begannen Frauen in Deutschland, ihre Stimme gegen Rechtlosigkeit und Bevormundung zu erheben. Louise Otto-Peters, Auguste Schmidt, Henriette Goldschmidt und Hedwig Dohm traten als Vorreiterinnen mit Schriften und Aktionen für die Rechte der Frau ein. Der Staat reagierte mit dem Verbot von Zeitschriften oder Frauenvereinen und 1850 mit einem Vereinsgesetz, das Frauen bis 1908 jede politische Betätigung verbot. Dies traf auch die nächste Generation mit Helene Lange, Gertrud Bäumer, Anita Augspurg, Minna Cauer, Clara Zetkin und vielen anderen.

Mit diesen Namen sind die verschiedenen Ziele der deutschen Frauenbewegung verbunden: eine Bildungsbewegung sowie eine politische und eine soziale Bewegung. Ähnlich lassen sich ihnen drei Haltungen zuordnen: bürgerlich-konservativ – radikal – sozialistisch.

HAUPTFORDERUNGEN DER FRAUENBEWEGUNG

Drei Forderungen stehen – je nach politischer Haltung – im Vordergrund der deutschen Frauenbewegung des 19. und frühen 20. Jahrhunderts:

1. Die Mädchenbildung. Bis ins 20. Jahrhundert wird Mädchen eine höhere Bildung nicht zugestanden. Fast alle Frauenrechtlerinnen kämpfen für das Recht der Mädchen

Überregionale Frauenvereine und -verbände

- »Allgemeiner Deutscher Frauenverein« (ADF), 1856 gegründet von Louise Otto-Peters (1819–1895) und Auguste Schmidt (1833–1902)
- »Bund Deutscher Frauenvereine« (BDF), 1894, Dachorganisation der bürgerlichen Frauenbewegung; Vorsitz: Auguste Schmidt
- »Deutscher Evangelischer Frauenbund« (DEF), 1899 gegründet; 1. Vorsitzende ab 1901: Paula Mueller (1865–1946)
- »Jüdischer Frauenbund«, 1904 gegründet von Bertha Pappenheim (1859–1936)

Katholikinnen waren überregional bis 1903 nur im »Verein Katholischer Deutscher Lehrerinnen« – 1885 von Pauline Herber (1852–1921) gegründet – sowie im Caritasverband organisiert, der ab etwa 1900 gezielt die Frauen ansprach. Erst 1903/04 wird der KDFB ins Leben gerufen.

Nach 1933 lösten sich ADF und BDF selbst auf, um der Eingliederung in die NS-Frauenschaft zu entgehen. Der DEF schloss sich aus diesem Grund der kirchlichen Frauenarbeit an. Der »Jüdische Frauenbund«, den man in die »Reichsvertretung der Deutschen Juden« überführte, wurde 1938 aufgelöst.

und jungen Frauen auf ein staatliches Abitur und den Zugang zur Universität bzw. auf Berufsausbildung und -tätigkeit. Die katholische Frauenbewegung legt den Fokus mehr auf die Ausbildung für eine sozial-caritative Tätigkeit, sei es für die zukünftige Hausfrau und Mutter, für die Klosterschwester, für ein wohltätiges Amt oder als sogenannter Erwerbsberuf. Die Zulassung der Frauen zum Universitätsstudium erfolgt 1895, je nach Staat zu verschiedenen Terminen, in Bayern 1903. Bis dahin müssen Frauen im Ausland, hauptsächlich in Zürich, studieren. Ein staatliches Abitur ist für Frauen in Deutschland seit 1896, in Bayern seit 1911 möglich.

2. Die rechtliche Gleichstellung. Laut Bürgerlichem Gesetzbuch von 1896/1900 sind Ehefrauen und Kinder dem Mann gegenüber mehr oder weniger rechtlos. Eine verheiratete Frau ohne Ehevertrag hat keine Verfügungsgewalt über ihr eigenes Geld oder das der Familie, ebenso wenig über die Kinder.

3. Das Stimmrecht. Hier sind die Frauenvereine uneins: Man strebt ein Klassenwahlrecht an, ein kommunales, eines für Organisationen oder das allgemeine Wahlrecht. Für Letzteres setzt sich schon ab 1875 die SPD ein. 1902 gründen Anita Augspurg und Lida Gustava Heymann in Hamburg einen Stimmrechtsverein.

DIE POLITISCHE UND KIRCHLICHE SITUATION NACH 1870

Aussagen frauenbewegter Katholikinnen drücken häufig ein starkes Konkurrenzdenken gegenüber den sogenannten »interkonfessionellen« oder »akonfessionellen« Frauenvereinen aus. In ihnen sehen sie eine große, fast bedrohliche Konkurrenz, von der sie sich abgrenzen wollen. Man dürfe diesen nicht das Feld, die eigenen Mädchen und Frauen überlassen, man müsse Einrichtungen schaffen, um die Unsicheren, Unwissenden dem Katholizismus zu erhalten, heißt es. Das war schon in Kapitel 3, der Arbeit für die *katholischen* jungen Frauen an den Bahnhöfen, zu sehen. Aus vielen Äußerungen, wie zum Beispiel dem Motto über diesem Kapitel, kann man außerdem ein Minderwertigkeitsgefühl herauslesen, ein »Inferioritätsdenken«, wie es genannt wird, gegenüber ›den anderen‹. Diese Animositäten und Befindlichkeiten resultieren aus der Zeit des sogenannten »Kulturkampfs«.

Andere katholische Kräfte wollen die gesellschaftliche Isolation überwinden und in der modernen Gesellschaft ›ankommen‹, den Bildungsrückstand abbauen, in Führungspositionen gelangen und das erwähnte Gefühl von Unterlegenheit überwinden. Man ist sich sicher, nur der katholische Glaube könne die sozialen Probleme lösen.

Kulturkampf
1870 verkündete Papst Pius IX. das Unfehlbarkeitsdogma; dies verschärfte bestehende innerkirchliche Konflikte, und die Altkatholische Kirche spaltete sich ab. Die katholische Zentrumspartei wurde 1871 zweitstärkste Kraft im Reichstag. Der politische Katholizismus war antimodern, antikapitalistisch, zentralistisch, hierarchisch ausgerichtet und befand sich in starker Abhängigkeit von Papst und Amtskirche. Kanzler Otto von Bismarck wollte den Einfluss der katholischen Kirche auf die Politik einschränken und erließ verschiedene Gesetze, die gegen jene gerichtet waren. Verstärkend wirkte ein Konflikt zwischen dem protestantischen, säkularisierten Preußen und den katholischen Staaten im Süden des Reichs, die sich von Preußen dominiert fühlten, sich als Katholiken im Abseits sahen. Ab etwa 1890 galt der Kulturkampf als beigelegt, und die päpstliche Enzyklika »Rerum novarum« erkannte 1891 die aktuellen »modernen« Zustände grundsätzlich an.

DIE KATHOLISCHE FRAUENBEWEGUNG

Angesichts dieser Entwicklungen kann die katholische Kirche die Frauenbewegung nicht mehr ignorieren. Auf neun Katholikentagen zwischen 1887 und 1912 ist die »Frauenfrage« Thema von Reden hochrangiger Geistlicher. Dabei ist zwar ein Wandel von konservativen Grundsätzen zu aufgeschlosseneren Gedanken zu beobachten. Von dem Glaubensgrundsatz »Die Frau ist dem Mann untertan« kommt aber kein Geistlicher weg. Er ist die Basis aller Reden. »Die Frau gehört ins Haus«, die verheiratete Frau und Mutter ist weiterhin die Norm. Moderner denkende Priester nennen sie dann »Gehilfin«, »ebenbürtig« o. ä., aber der Grundsatz bleibt gleich.

Frauenarbeit wird letztlich nur akzeptiert wegen der Vorreiterrolle der nichtkonfessionellen Vereine, der Sozialdemokraten und Liberalen, denn man fürchtet, diese könnten ›emanzipierte‹ Frauen, die sich nicht mehr auf die Gattin reduziert sehen möchten, abspenstig machen. Außerdem lässt sich der ›Überschuss‹ von etwa 1 Million ledigen Frauen, die ihren Lebensunterhalt selbst verdienen müssen, nicht länger negieren.

Für Bayern wichtige geistliche Denker dieser Zeit sind der Kapuziner Benno Auracher und der Theologieprofessor Michael Faulhaber. Auracher sagt 1905 in Straßburg, die Katholiken müssten endlich Stellung nehmen zur Frauenfrage, denn die nichtkonfessionellen Frauenvereine stünden »auf dem Boden des Unglaubens«. Deshalb sein Appell: »Meine Herren, da heißt es doch die Augen offen haben; eine so gefährliche Bewegung muss man studieren. Und insbesondere wir Priester [...] dürfen doch nicht zuwarten [...] bis uns etwa die gut katholischen Frauen über die Bedeutung der Frauenbewegung aufklären; wir müssen, solange es noch Zeit ist, vorsehen und vorsorgen.« Er stellt in gewisser Weise die althergebrachte Rolle der Frau infrage: »Es hilft durchaus nichts, nur zu sagen: Die Frau gehört ins Haus.« Durch den gesellschaftlichen und industriellen Wandel würden viele Frauenhände im Haushalt überflüssig. So sehr er die Arbeitswelt den Frauen öffnen möchte – eines gilt weiter: Die Frau muss dem Mann untertan bleiben, sie ist »gleichwertig, aber nicht gleichartig«.

Michael Faulhaber hält 1909 eine Rede in Breslau mit dem Titel »Die Kernpunkte der Frauenfrage und Frauenbildungsfrage«. Er bejaht grundsätzlich das Recht der Frau auf Bildung, auf Teilhabe »am caritativen, sozialen und wissenschaftlichen Leben«, auf einen Beruf in diesen Bereichen und auf politische Arbeit, wenn auch zunächst als Vertretung in Gewerbe- und Kaufmannsgerichten oder in Handwerks- und Arbeiterkammern. Darüber hinaus ist er der Meinung, man könne »persönlich ein Gegner des Frauenstimmrechts sein, aber nicht aus Glaubensgründen.«

Auch die katholischen Frauen selbst – gemeint sind immer bürgerliche und adelige – beginnen, sich von dem alten Gesellschaftsbild abzuwenden. Sie haben zwar einen wichtigen Anteil am kirchlichen Leben, aber auch sie wollen sich in gewissem Rahmen von der männlichen Vorherrschaft, vom Einfluss der Geistlichen lösen. Das formuliert Ellen Ammann in einem Brief an eine Freundin 1904 ganz deutlich: »[…] und dann sind es gar nicht die Damen, die wir beeinflussen wollen – die Geistlichen sind es.« Sie, die Damen, wollen Anschluss finden an die moderne Gesellschaft – soweit ihr Glauben es zulässt.

Die Frauenfrage
In »Meyers Großem Konversationslexikon« von 1908 heißt es: »Frauenfrage ist die Frage, wie die Stellung der Frau im Gesellschaftsorganismus zu regeln ist. […] In der F. offenbart sich das Bewußtsein von dem Vorhandensein eines Widerspruchs zwischen den Ansprüchen, welche die Frauen an die Gesellschaftsordnung zu stellen wirklich oder vermeintlich berechtigt sind, und der Stellung, die ihnen tatsächlich zugewiesen ist. Sie berührt alle Seiten der weiblichen Existenz, die rechtliche, wirtschaftliche, sittliche und politische.«

DER KATHOLISCHE FRAUENBUND IN KÖLN 1903

Um bei der Lösung der »Frauenfrage« mitwirken zu können, brauchen auch die Katholikinnen einen Verein. »Es ist an der Zeit, mit der uns vorgeworfenen Rückständigkeit zu brechen und die Stelle in der großen Frauenbewegung einzunehmen, welche der katholischen Frau zukommt«, findet die Würzburgerin Emy Gordon im Sommer 1903. Sie und andere Frauen rufen am 16. November in Köln den Katholischen Frauenbund (KDFB) ins Leben. Er soll ein Dachverband für alle katholischen Frauen sein, dabei bestehende Vereine aber nicht ersetzen, sondern sie miteinander in Verbindung bringen. Und er ist kein kirchlicher Verein: Frauen wollen ihn gestalten und leiten, kein Geistlicher soll ihm vorstehen.

Einfluss sichert sich die Geistlichkeit dann doch: Der Kölner Kardinal Fischer löst den KDFB im Februar 1904 wieder auf. So kann Emy Gordon am 15. April 1904 in Würzburg einen

Zweigverein gründen, noch bevor der zentrale Bund offiziell besteht. Am 7. Juni 1904 erkennt der Kardinal den KDFB nach mehreren Korrekturen in den Satzungen dann an. Die wichtigste Änderung ist die Beteiligung eines geistlichen Beirats im Vorstand. Das hat den Nebeneffekt, dass der Bund so nicht dem Vereinsgesetz zum Opfer fällt, das bis 1908 Frauen eine politische Betätigung verbietet. Hedwig Dransfeld definiert den Frauenbund 1912 folgendermaßen: »Er gehört zu den nichtkirchlichen Vereinen, die aber in Weltanschauungsfragen sich innerhalb ihres Bekenntnisses an der kirchlichen Lehre orientieren wollen [...]«

DER KDFB UND DAS FRAUENWAHLRECHT

Die Debatte um das Frauenstimmrecht bewegt seit spätestens der Jahrhundertwende alle Frauenvereine. Die Haltung des KDFB dazu ist unterschiedlich, tendenziell neutral, weil man die Frauen noch nicht für genügend vorbereitet hält. Dennoch wird ihnen in Köln schon 1911 eine politische Schulung auf breiter Basis angeboten, und man setzt sich dafür ein, dass sie in der kommunalen Arbeit mehr Rechte erhalten.

Im Herbst 1918 wird klar, dass das Frauenwahlrecht kommen wird. Am 25. Oktober bittet der KDFB die Zentrumspartei um eine Besprechung. Im November wird in Köln ein besonderes Frauenprogramm beschlossen, man erarbeitet in enger Zusammenarbeit mit dem »Zentrum« Wahlvorschläge. Im Januar 1919 wird zwar betont, dass der KDFB eine unpolitische Organisation sei, die Mitglieder aber im »Dienst der Zentrumspartei« stünden und einen Wahlfonds gegründet hätten. In Bayern beginnt eine neue Publicity- und Schulungsarbeit (s. S. 110f.).

5 Der Frauenbund in München und Bayern 1904 und 1911

»Ich habe nun nach vielen Überlegungen mir vorgenommen, hier in München einen ›Katholischen Frauenbund‹ zu gründen, der in die Frauenfrage eingreifen soll.«

(Ellen Ammann an ihre Mutter, Oktober 1904)

1903 hat Ellen Ammann für die Betreuung ihrer Kinder sowie für den Praxis- und Klinikbetrieb so befriedigende Lösungen gefunden, dass sie »zum andern« schreiten kann: Sie möchte jetzt einen katholischen Frauenverein in München gründen – aber im Juli 1903 kommt das sechste Kind zur Welt, und in Köln wird der Frauenbund für Deutschland gegründet (s. Kap. 4). Erst im Winter 1904 wird Ellen aktiv.

VORBEREITUNGEN FÜR DIE MÜNCHNER GRÜNDUNG 1904

Die Regensburgerin Ameley Sepp und Ellen Ammann bereiten die Versammlung des Landesausschuss des »Mädchenschutzvereins« beim Katholikentag in Regensburg (21.–24. August 1904) vor. Ein reger Briefwechsel zwischen den beiden führt rasch zur Freundschaft.

Ellen Ammann wagt am 24. August mit ihrer Rede über den Mädchenschutz (s. Kap. 3) den Schritt an die Öffentlichkeit, bietet sich sozusagen für die geplante Münchner Gründung an – mit Erfolg, wie sie im Oktober der Mutter berichtet: »Und nun bin ich Komiteemitglied im Kath. Frauenbund für Deutschland geworden und soll das gleiche gründen, d. h. eine Ortsgruppe in München. Ich habe die Sache lange überlegt und wollte nicht gerne. Es ist eine solche Menge Arbeit und ich habe nun einen Ruf aufrechtzuhalten.«

Sie bespricht sich in mehreren Briefen mit Ameley Sepp. Ellen zweifelt zunächst, ist verzagt und mutlos. Im September ist sie sehr erschöpft und schreibt: »Ich fühle es, als ob ich wieder über eine schiefe Ebene ginge und bald fiele […]«,

Frauenbewegung in München
Anita Augspurg (1857–1943) und Sophia Goudstikker (1865–1924) gründen 1894 die »Gesellschaft für geistige Interessen der Frau«, seit 1899 »Verein für Fraueninteressen«. Seine Hauptinteressen liegen in der Bildung und Interessensvertretung von vorrangig erwerbstätigen Mädchen und Frauen. Die Vorsitzende Ika Freudenberg (1858–1912) gründet 1909 den »Hauptverband Bayerischer Frauenvereine«, ihre Nachfolgerin Luise Kiesselbach (1863–1929) 1914 den »Stadtbund Münchner Frauenvereine«.
Seit 1887 existiert außerdem der nichtkonfessionelle »Münchner Lehrerinnenverein«, dem Michael Faulhaber zwei Jahre später den »Katholischen Lehrerinnenverein in Bayern« gegenüberstellt.
1909/1910 gründen Augspurg, Lida Gustava Heymann (1868–1943) und andere den »Frauenstimmrechtsverein für Bayern«. 1913 entsteht der »Münchner Schriftstellerinnenverein«. Ab 1915 gibt es eine starke Frauenfriedensbewegung, auch in München.

erzählt von Stimmungsschwankungen, sie sei »teilweise gleich aufgehend wie ein Berserker«. Der Tod einer hochgeschätzten Vertrauten 1903 hat sie aus der Bahn geworfen: »Marie Hohenhausen fehlt mir. Ich habe keinen Willen, kein hohes Streben mehr.« Doch Pater Cölestin baut sie auf, er hat »mir alle Freude wiedergegeben«, heißt es im Oktober. Gleich darauf fällt sie »[...] schnell aus allen Höhen herunter« – wegen »Halsweh etc. und tausend Verdrießlichkeiten. [...] Im übrigen gehe ich mit großem inneren Widerstand und Skeptizismus an die Sache. Ich bin so müde und so grantig!« Kein Wunder, wenn man »einen großen Sack Sorgen« privater Natur (s. Kap. 7) zu tragen hat. »Das behielt ich aber: des Paters Segen für den Frauenbund.« Im November heißt es wieder: »Ich habe keine Spur von Selbstvertrauen und bin bald am Ende meiner geistigen und leiblichen Kräfte. Alles ist so schwer und so unklar, und ich finde alles, was ich tue und sage, so dumm.« Doch Ellen Ammann überwindet sich und die Widerstände.

Bei einer Veranstaltung des »Mädchenschutzvereins« im Oktober 1904 in München spricht der Kapuziner Benno Auracher über »Frauenarbeit und Frauenwirksamkeit«. Er befürwortet eine fortschrittliche Haltung der Kirche gegenüber ihren Frauen. Am Ende des Vortrags fragt er – eher pro forma –, wer die Gründung übernehmen möge. Amelie von Godin sitzt im Saal: »Im Schweigen aller etwas überraschten Anwesenden erhob sich schüchtern, zierlich und jung Ellen Ammann von ihrem Sitz: ›ich bin bereit‹, sagte sie schlicht und Pater Auracher schloß die Versammlung mit der Ermahnung, ungesäumt ans Werk zu gehen.«

WIDERSTÄNDE

Die Gründung auf den Weg zu bringen wird mühsam. Ellen ist verzweifelt auf der Suche nach Mitarbeiterinnen, zunächst sagen ihr alle ab. Es gibt sogar Intrigen gegen ihre Person. Godin berichtet, dass die zweite Vorsitzende des »Mädchenschutzvereins« ihre Schriftführerin bittet: »Trachten Sie zu verhindern, daß Frau Ammann ganz unnötigerweise wieder einen neuen Verein ins Leben ruft, wo doch unser Mädchenschutz schon besteht und sehr wohl in der Lage ist, die nötige Aufbauarbeit zu leisten. Und überdies ist Frau Ammann als Ausländerin, durch ihre Jugend und auch in anderer Hinsicht, doch wirklich nicht die geeignete Persönlichkeit, eine solche Organisation zu schaffen und gar noch zu leiten.« An anderer Stelle heißt es: »[...] diese kleine, zarte, unscheinbare Frau, deren Stimme kaum [...] bis in die letzten Reihen [...] zu hören ist, soll die katholischen Frauen Münchens führen? Diese Ausländerin, die [...] im Sprechen [...] noch immer gehemmt ist [...] ist es denn nicht Gepflogenheit gewesen, an die Spitze unserer Unternehmungen eine ältere Dame hervorragender gesellschaftlicher Stellung zu wählen und die jungen Frauen den Pflichten ihrer Kinderstube zu überlassen?«

Ausländerin – nicht die richtige gesellschaftliche Stellung – zu jung – Mutter: Diese Vorbehalte findet Godin sehr rückständig: »›Die Frau gehört ins Haus!‹ war zu jener Zeit noch das alleingültige Axiom. Daß sie dort zu verhungern im Begriffe stand, wurde wohl erkannt, aber eben der gotteslästerlichen Störung der in alle Ewigkeit unabänderlichen Lebensordnung durch die verabscheuungswürdige Neuzeit zugeschrieben. Anzustreben war keinesfalls Anpassung an die Verhältnisse, sondern Rückentwicklung zum früheren Zustande.«

Ellen Ammann weiß, dass hier etwas verändert werden muss. Dass ihre Person umstritten ist, weiß sie auch: »Ich beunruhige mich furchtbar, erstens weil ich zu wenig Vertrauen habe«, schreibt sie am 10. Oktober an Ameley Sepp, »zweitens weil ich nicht demütig genug bin, mit einer eventuellen Blamage zu rechnen.« Unterstützung erfährt sie vor allem von Caroline von Hohenhausen, der Schwester der verstorbenen Marie, und von ihrem Mann Ottmar.

»AN DIE KATHOLISCHEN FRAUEN UND JUNGFRAUEN MÜNCHENS«

Am 17. Oktober wirbt Ellen Ammann in dem Aufruf »An die Katholischen Frauen und Jungfrauen Münchens« für die Gründung. Darin heißt es: »Nur wer [...] die Zusammenhänge der wirtschaftlichen und sozialen Bewegung unserer Zeit gar nicht kennt, kann die Notwendigkeit einer katholischen Frauenorganisation leugnen.« Man könne nicht »die Lösung neuer derartiger Fragen, welche die veränderten wirtschaftlichen und sozialen Verhältnisse gebracht und geradezu brennend gemacht haben, jenen Frauen [...] überlassen, welchen Jesus Christus und seine Heilsanstalt ›Ärgernis und Torheit‹ ist [z. B. den Radikalen]. [...] Es schlummern in der katholischen Frauenbewegung so viele hervorragende Kräfte, die nur angeregt und in den Dienst der großen Sache gestellt werden müssen.« Sie kündigt an: »So will denn ein katholischer deutscher Frauenbund nicht gegen andere Frauenorganisationen arbeiten, sondern vom Standpunkt des Christentums zur Lösung der Frauenfrage [...] beitragen.« Gezeichnet ist das Ganze mit »Das vorbereitende Comité I. A. Frau Dr. Ottmar Ammann«.

Trotz dieser starken Worte sind die Selbstzweifel noch nicht ausgestanden und quälen die Frau Dr. bis zum Schluss: »Den einen Augenblick finde ich, daß ich eine Närrin bin, die solche Unruhe auf sich genommen hat, den andern, daß ich alle Pflichten versäume, daß ich der Sache nicht gewachsen bin [...] Manchmal meine ich, ich bringe jetzt die katholische Frau auf die falsche Bahn [...]«, gesteht sie Ameley Sepp.

Bei der ersten Generalversammlung des KDFB (6.–8. November 1904 in Frankfurt am Main) begrüßt Ellen Ammann als Delegierte des »Mädchenschutzvereins« die Frauenbunddamen: »Endlich ist das Solidaritätsgefühl der deutschen Frau erwacht!« Womit sie freilich die *katholische* deutsche Frau meint ... Am 8. November wird sie zur 2. Vorsitzenden des Gesamtbunds gewählt; das gibt ihr Selbstvertrauen.

GRÜNDUNGSVERSAMMLUNGEN

Am 27. November 1904 findet im Münchner »Kreuzbräu« eine Versammlung statt mit dem Zweck, »der Öffentlichkeit Klarheit über die Wege und Ziele des Frauenbundes zu verschaffen«. Die Einladung ergeht an katholische Vereine und Organisationen sowie interessierte Frauen und Männer. »[...] die Frauen, auch viele am katholischen Leben interessierte Männer, folgten ihr in hellen Scharen. Der riesige Saal war schon eine halbe Stunde vor Beginn bis auf den letzten Platz gefüllt [...]. Erschienen waren der Nuntius, [...] neben Frau Prinzessin Rupprecht auch Frau Prinzessin Arnulf und Frau Prinzessin Ludwig Ferdinand, die seit Jahren niemals fehlten, wo es galt, zur Kirchentreue aufzurufen, zu einem Werke des Apostolats oder der Karitas.« Am Rednerpult stehen drei Herren: der Hofprediger und Geistliche Rat Hecher, Pater Auracher – und Ottmar Ammann!

339 Frauen treten noch am Abend dem Bund bei. Am 6. Dezember tagt die konstituierende Versammlung. Ellen Ammann wird 1. Vorsitzende, weitere Vorstandsmitglieder sind Bella Capitaine, Emilie Auracher (die Schwester von Pater Benno und Ameley Sepp) und Amelie von Godin. Der »Mädchenschutzverein« behält seine Unabhängigkeit. Der Bund wird nach Kölner

Der Kreuzbräu in der Münchner Brunnstraße 7, Gründungsort des KDFB München 1904. Im Haus trafen sich 1856 die Mitglieder des »Evangelischen Handwerker-Vereins«, dort hatte auch das katholische Gesellenhaus seinen Sitz.

Vorbild in mehrere Sektionen mit unterschiedlichen Aufgaben gegliedert. Sie rufen zahllose Einrichtungen ins Leben.

Die in der Stadt aktiven Damen kommen aus dem Münchner Bürgertum und Adel. In den Vereinen auf dem Land sind Frauen aus allen Schichten vertreten.

KDFB UND ANDERE MÜNCHNER FRAUENVEREINE

Der eher konservative »Verein für Fraueninteressen« hätte durch den Fokus auf der Frauenbildung viel mit dem KDFB gemeinsam, zu einer Zusammenarbeit kommt es aber nicht. Ellen Ammann trifft zwar 1905 die Vorsitzende Ika Freudenberg, aber die Biografin Neboisa weiß: »Frau Ammann erkannte schnell die rein humanitären Beweggründe ihres Gegenübers, die nicht übereinstimmten mit der Kirchentreue einer katholischen Frauenbewegung.« Freudenberg ihrerseits lehnt den KDFB wegen seiner katholischen Ausrichtung ab. Erst im Ersten Weltkrieg und in den schweren Zeiten danach ändert sich das ›Nicht-Verhältnis‹ ein wenig.

Auch dem Münchner »Frauenstimmrechtsverein« möchte Ammann sich nicht anschließen, trotz einer Einladung durch die Gründerinnen Augspurg und Heymann. Möglicherweise findet sie deren Aktivitäten zu progressiv für ›ihre‹ Frauen, obwohl manche Äußerungen durchaus eine Affinität zur Arbeit der beiden erahnen lassen. Ammann lehnt aber auch das Angebot, für den KDFB auf dem Berliner Frauenkongress 1912 eine politische Rede zu halten, ab. »Habe es der [Ika] Freudenberg vorgeworfen, daß sie sich hinter der liberalen Partei gestellt und jetzt soll ich mit einem Mal Sprecherin für die Zentrumspartei sein«, schreibt sie dazu nach Köln.

Mit der in München sehr starken (Frauen-)Friedensbewegung gibt es aufgrund der patriotischen Haltung Ellen Ammanns ebenfalls keine Gemeinsamkeiten. So kommt eine echte Frauensolidarität nicht zustande. Ammann betont zwar 1906: »Wir wollen auch mit den Frauen, die auf anderem Boden stehen, aber dieselben Bestrebungen haben wie wir, zusammenarbeiten. [...] Es gibt sehr viel Gemeinsames, das wir zusammen betreiben können, und darum heißt es auch: Einigkeit macht stark. Wo wir mit anderen gehen können, tun wir es.« Aber das gilt nur eingeschränkt: »Allerdings, wenn dann Sachen kommen, die mit unseren Ansichten unvereinbar sind, dann muß es heißen: Bis hier hin und nicht weiter!«

Diese Grenze ziehen genauso die nicht- oder interkonfessionellen Frauenrechtlerinnen: Sowohl der gemäßigt-bürgerliche BDF als auch die radikalen Frauenrechtlerinnen wie Augspurg und Heymann lehnen den KDFB wegen seiner Unterordnung unter Kirche und Klerus ab. Genauso wenig wünscht der KDFB eine Mitgliedschaft im BDF (wegen unterschiedlicher Haltung zu Ehe, Prostitution, Sexualmoral), auch wenn man in Zukunft punktuell zusammenarbeiten wird. Die enge Bindung an den »katholischen Milieuzusammenhang« ist den katholischen Frauen wichtig, ebenso wie der Wunsch, Einfluss auf indifferente Frauen nehmen zu können.

FRAUEN FÜR DIE KONFESSION – NICHT GEGEN DEN MANN

Ellen Ammann hält 1909 anlässlich der Gründung des Freiburger Zweigvereins die Rede »Die Frauenbewegung und die katholischen Frauen« und beschreibt den Unterschied zu den anderen bürgerlichen, nichtkonfessionellen Vereinen folgendermaßen: »Der Unterschied zwischen uns und den anderen ist, daß wir die Frauenfrage auf religiöser Grundlage lösen wollen in strengster Vereinigung mit der Kirche. Der Katholische Frauenbund ist eine starke Organisation für die Frau, nicht gegen den Mann.« Diese Bemerkung zielt möglicherweise auf die sogenannten radikalen Frauen ab, von denen manche beispielsweise nicht unbedingt den Mann, aber eine bürgerliche Ehe ablehnen, weil die Frau mit der Eheschließung alle bürgerlichen Rechte verliert.

Und weiter heißt es: »Uns bleibt es bewußt, daß die Frau die Gehilfin des Mannes ist.« Hier folgt Ammann der offiziellen katholischen Definition von der Rolle der Frau. »Wir müssen uns zusammenschließen, um unsere Weltanschauung zur Geltung zu bringen. Wenn wir das nicht tun, werden unsere Töchter, die ins Leben hinaus müssen, zu anderen gehen müssen. Sie werden andre, gefährliche, aber nicht unsere Ansichten anwenden.« Deshalb sei es wichtig, die soziale Frage kennenzulernen und in katholischem Sinne mit dem Frauenbund zu lösen.

VERBANDSARBEIT

Vereinfacht gesagt möchte der Münchner Frauenbund seine Mitglieder bilden und Frauen an die katholische Sache binden. Ellen Ammann hat in den nächsten Jahren viel zu tun: Teilnahme an Kongressen, Versammlungen, Katholikentagen; Aufsätze schreiben; die Leitung ihrer beiden Frauenvereine und die Mitarbeit im Bundesverein. Im Folgenden werden nur einige Aktionen vorgestellt.

Schon die zweite Generalversammlung des Gesamtbundes vom 4. bis 6. November 1906 darf sie in München ausrichten, sozusagen als Anerkennung, denn in Köln hält man inzwischen viel von ihr: »Ellen Ammann [...] war eine der tüchtigsten Mitarbeiterinnen des Bundes, und so war der [...] Zweigverein ein sehr geeigneter Boden für diese bedeutsame Versammlung.« Unter anderem spricht Pater Auracher im überfüllten Saal des Alten Rathauses über das soziale und caritative Wirken der Frau. Die Anerkennung, die Ammann für diese Arbeit erfährt, baut sie sehr auf.

Dennoch hat sie immer noch ab und zu ›schwarze Tage‹: »Das Volk ist so träge und schwierig«, schreibt sie der Mutter. »Niemand will ordentlich arbeiten, nur stückweise. Und die, welche zu etwas taugen, haben keinen Begriff von Solidarität.« Aber solche Aussagen entspringen wohl eher akuter Erschöpfung, denn es kommt neben den vielen neuen Organisationen einiges zustande: 1906 reicht der Münchner Bund mit dem »Elisabethverein« und dem »Verein für Fraueninteressen« eine Petition beim Magistrat der Stadt München ein; man möchte die Zulassung von Frauen zur Armenpflege erreichen. Um bei der Gelegenheit gleich zu zeigen, dass man in der Lage ist, dafür kurzfristig Frauen bereitzustellen, bietet die soziale Sektion einen Kurs zur Ausbildung von Armen- und Waisenpflegerinnen sowie von Vormünderinnen an. Allerdings lässt die Zulassung in Bayern drei Jahres auf sich warten.

1910 ist Ellen Ammann für den »Mädchenschutzverein« beim Europäischen Kongress der Bahnhofsmissionen in Bern und schreibt darüber in der »Allgemeinen Rundschau«. Kurz darauf hält sie in Düsseldorf auf der Generalversammlung den Vortrag »Der Anteil der Frauen an der Bekämpfung der Immoralität in Wort und Bild« (s. Kap. 12), ein paar Monate später erscheint ein schriftlicher Rückblick auf die Versammlung in der »Allgemeinen Rundschau«.

ARBEITSLAST UND -FREUDE

In dem Maß, wie sich der Frauenbund in München etabliert, entsteht wohl eine Art Konkurrenz zwischen diesem und den anderen Münchner Vereinen. Anlässlich einer Reihe sozialer Konferenzen im März 1905 berichtet Ellen der Mutter mit einem frustrierten Unterton, dass alle Münchner Vereine aufgingen vor Neid: »Sie packen an, arbeiten mit fieberhaftem Eifer und wenn sie Vorsprung und Arbeitskraft haben, schaffen sie mehr als ich. Ich darf [die Arbeit alleine machen] und alle verpfuschen, was für mich sein sollte.« Auch jede Pfarrei wünsche sich jetzt einen Frauenbund, aber mit alten Bürgerfrauen als Vorsitzenden. »Ich habe wie ein Türke gestritten, um sie unter einen Hut zu vereinigen«, schreibt sie nach Schweden. »Ich sagte zu P. Benno: ›Wenn Sie wüßten, wie oft ich den Frauenbund zum Pfeffer gewünscht habe!‹« Im April hat sie immer noch »[...] richtigen Ärger wegen des Frauenbunds, daß ich es kaum sagen kann. Ich kann nicht verstehen, wohin die Arbeit ihren Weg genommen hat, denn das Resultat ist gering.«

1906 wird es dann besser. »Alle sind voll Eifer und ich habe nun wirklich Hilfe. Außerdem ist meine Position durch die [General-]Versammlung so stark geworden, daß fast alle Widerstände verschwunden sind, außer bei denen, die neiderfüllt sind. Aber das geht auch weg.«

Der Winter 1909/10 ist besonders anstrengend. Ellen Ammann hat über Weihnachten und Neujahr drei Gastkinder aufgenommen, deren Mutter eine Kur benötigte. Erschöpft beklagt sie sich bei Ameley Sepp: »Ja, wer einmal zu etwas anderem käme, als nur zum ›Schuften‹! Ich freue mich auch auf den Himmel, wo man Zeit haben wird für seine Freunde auch! [...] Der Bund ist mühsam und verlangt viel von einem. Aber sind wir nicht Streiter Christi und müssen wir nicht da kämpfen, wo ER uns hinstellt? Er hat so wenige heutzutage, die für ihn kämpfen. Nehmen wir also wieder die Waffen auf! Der Hl. Geist hilft uns schon. [...] ich bin ›unten in den tiefen Tälern‹ und möchte den Bund gern los sein.«

DER BAYERISCHE LANDESVERBAND 1911

Den Bund »los sein« – davon kann nicht die Rede sein. »Immer, wenn ein Erfolg erkämpft war, [...] drängte sie einem neuen Ziele zu«, schreibt Paula Linhart. Einen Plan haben Ellen und Pater Auracher wohl schon im April 1905, denn sie vertraut später Godin an: »Ich habe die Absicht, [...] die Gründung eines Bayerischen Landesverbandes durchzusetzen.

Denn wie sollten von einer einzigen Zentrale aus [...] unsere Ideen bis in das letzte Dorf dringen können! Wie vermöchten die Frauen in Köln die Bedürfnisse unserer bayerischen Landfrauen zu erfahren, und wie wären sie in der Lage, deren Bedeutung zu ermessen! Wenn ich erst aber von München aus eine gewisse Zahl solcher Tochtervereine geschaffen habe, werde ich mein Ziel, den Bayerischen Landesverband, viel leichter erreichen können! Bayern hat solch ausgesprochene Eigenart, daß sie durchaus auch im Bunde zu Geltung kommen muß.« Die städtischen Zweigvereine, die »zu fein und ideal und gebildet sind, nichts für das Volk«, und die ländlichen harmonieren nicht, Letztere fühlen sich nicht genug vertreten.

Zunächst müssen also Zweigvereine entstehen, deren Zahl tatsächlich rasch wächst. 1911 gibt es schon 17 Vereine mit 2500 Mitgliedern.

1910 reisen Ammann und ihr geistlicher Beirat Gregor Danner, der Abt von St. Bonifaz, nach Köln. Erst 1911 stimmt die Zentrale der Gründung eines bayerischen Verbands und den dafür nötigen Satzungsänderungen zu. Am 6. Dezember ist es dann so weit: Der Landesverband kann ins Leben gerufen werden. Alle bayerischen Vereine schließen sich ihm an. Die 1. Vorsitzende ist – wer sonst? – Ellen Ammann, die »Mutter der bayerischen katholischen Frauen«, wie Helene Weber sie nennt. Eine Woche später kann Ellen stolz ihrer Freundin Lydia berichten: »Ich bin Erste Vorsitzende [...] So ungern ich dies auch übernommen habe, so ergötzt es mich doch in meinem Inneren, daß es eine Schwedin ist, die **›Landesmutter‹** [Hervorhebung durch Ellen Ammann] wurde, wie sie mich scherzhaft nennen. Viel Arbeit, viel Sorge!«

AKTIV IN BEIDEN VEREINEN

1912 gründet Ellen Ammann mehrere Zweigvereine in der Pfalz. Der bayerische Verband zählt jetzt 14 neue Zweigvereine. Am 9. Februar 1913 begehen etwa 65.000 Mitglieder aus 40 Vereinen einen bayerischen »Katholischen Frauentag«. Er wird in Zukunft jährlich abgehalten, ab 1917 immer am Tag

Plakat des KDFB Bayern, mit dem für die erste Generalversammlung des Landesverbandes geworben wurde

der »Patrona Bavariae« im Mai. Am 13./14. November 1913 findet die erste Generalversammlung des Landesverbands statt. Auch Michael von Faulhaber, der eine wichtige Rolle in der katholischen Frauenbewegung und als Mentor von Ellen Ammann innehat, nimmt teil.

Im September 1912 sind Ellen, Ottmar und Rolf Ammann sowie Maria Hopmann, die in der Familie lebt, beim Eucharistischen Weltkongress in Wien. Ottmar berichtet, dass Ellen darüber einen Filmvortrag halten möchte. Er organisiert drei Tage später eine Veranstaltung im Hackerbräu-Saal. »[Sohn] Albert wunderte sich, daß das so schnell möglich war, aber so war Ellen, wenn sie etwas für wichtig erkannt hat, so mußte es auch so rasch wie möglich durchgeführt werden.«

Ab 1919 gibt der Frauenbund die eigene Zeitschrift »Bayerisches Frauenland« heraus, für die Ellen Ammann hin und wieder schreibt und die bis 1941 existiert. Gleich im ersten Heft positioniert sich der Frauenbund angesichts der gesellschaftlichen Veränderungen nach der Revolution im Geist der katholischen Kirche.

Im Oktober 1919 ruft Erzbischof Faulhaber zu einem kleinen Katholikentag nach München. Wie sehr er die katholische Frauenbewegung schätzt, drückt sich darin aus, dass die Frauen erstmals vollberechtigte Teilnehmerinnen sind und nicht – wie bei den ›großen‹ Katholikentagen – auf der Galerie sitzen müssen. Als Gast bei einer Feier des Münchner Vereins sagt Faulhaber am 26. September 1920: »Ich habe nie ein Hehl daraus gemacht, daß ich den Frauenbund hoch einschätze. Die letzten Jahre haben sonnenklar bewiesen, daß er notwendig ist. [...] daß man heute die Frau für die seelsorgliche und soziale Arbeit nimmer entbehren kann [...]«

Mit den neuen Aufgaben im Ersten Weltkrieg und als Landtagsabgeordnete wird der Einsatz von Ellen Ammann für den Frauenbund insgesamt weniger, obwohl sie sich noch an zahlreichen Aufgaben beteiligt.

DIE NACHKRIEGSJAHRE

1920 gründen die Frauen der caritativen Sektion in Zusammenarbeit mit dem »Verein für Fraueninteressen« die Mittelstandshilfe für Witwen und Waisen. Sie ist aus der Zusammenarbeit im Wohlfahrtsausschuss während des Kriegs (s. Kap. 8) gewachsen. Zunächst werden Heimarbeitsstellen vermittelt. Ab 1922 richtet der Landesverband in ganz Bayern selber Stellen ein und verkauft die Produkte für die Frauen. Mit Unterstützung der Haus- und Landfrauenverbände werden ganze Eisenbahnwaggons voller Lebensmittel in die Städte gebracht. Um Geld zu sparen, entladen die Mitarbeiterinnen des KDFB, auch Ellen Ammann, die Waggons selber.

Maria Hopmann erzählt: »Ein Besuch in der Mittelstandshilfe war Ellen Ammann stets ein ›Herzensbedürfnis‹«. Auch privat zeige sie »übergroße private Wohltätigkeit«; jeder könne um halb 12 Uhr zum Mittagessen in die Wohnung kommen. »Viel öfter wie in materieller Not wurde sie jedoch wegen beruflicher oder persönlicher Schwierigkeiten von Hilfsbedürftigen aller Art angesprochen, und sie hatte für jeden ein kluges Wort, einen vernünftigen Rat oder wenigstens eine Aufmunterung – wenn ihr die Not, die sie nicht steuern konnte, dann auch tagelang nachging. Man kann mit Recht von ihr sagen: sie machte ihres Mitmenschen Leid und Not zu ihrer eigenen.«

1923 ist ein besonders schweres Jahr, im sog. »Inflationswinter« erreicht die angespannte wirtschaftliche Situation einen Höhepunkt. Ellen Ammann führt 1923 für die Mitgliedsbeiträge eine Sachwährung ein: 1 Ei pro Monat.

Ellen Ammann schreibt Lydia Wahlström, die mit einer Spende hilft, im Februar 1924: »Wir haben es schwer gehabt. Der Winter ist sehr kalt und es ist schwer, so schrecklich zu hungern und zu frieren. Es vergeht kein Tag, ohne daß jemand auf der Straße umfällt vor Hunger und Schwäche. Wir haben es schwer in unserer Mittelstandshilfe und unserer caritativen Sektion.«

Doch es gibt auch schöne Erlebnisse: 1922 spricht Kardinal Faulhaber Irmengard vom Chiemsee, die um 875 Äbtissin des Benediktinerinnenklosters auf Frauenchiemsee war, selig. Eine Kopfreliquie wird in die Abtei gebracht. Vermutlich aus diesem Anlass veranstaltet der KDFB am 16. Juli, dem Gedenktag für die selige Irmengard, eine Wallfahrt an den Chiemsee. Albert Ammann SJ hat vorher, am Geburtstag seiner Mutter in München, in St. Michael seine Primiz feiern können und zelebriert nun das Hochamt in Frauenwörth. Danach hält er seine erste Predigt in der Wallfahrtskirche Birkenstein in Fischbachau. Eine große Freude für die stolze Mutter! 1925 pilgert der Landesverband anlässlich des Heiligen Jahres nach Rom. Auch Ellen Ammann ist dabei, sie und andere führende KDFB-Frauen erhalten den besonderen Segen von Papst Pius X.

Im April 1927 kauft der Bund ein Haus in der Schraudolphstraße 1. Damit verlässt der Frauenbund die Theresienstraße. Beide Häuser werden im Dezember 1944 schwer zerstört, das Haus in der Schraudolphstraße kann aber wiederaufgebaut werden. Dort hat die Zentrale des Bayerischen Landesverbands heute noch ihren Sitz.

1927/28 errichtet der Bauverein Haidhausen ein Heim für erwerbstätige Frauen und Mädchen in der Rosenheimer Straße 126. Dessen Vorsitzender ist Ammanns Parteikollege Franz Xaver Breitenbach, von dem eine Notiz im Protokoll des Bauvereins stammt: »Erbaut werde das Ledigenheim von einer Anzahl bürgerlicher, meist katholischer Vereine, die teils ganz, teils der Hauptsache nach aus weiblichen Mitgliedern bestehen u. an deren Spitze sehr bekannte Persönlichkeiten stehen, z. B. Frau Ammann u. Frau Stadtrat Schultes.«

Im Oktober 1932 findet nach vier Jahren Pause eine Generalversammlung des KDFB in Regensburg statt. Ellen Ammann ist der Meinung: »Vor allem ist es unerlässlich, als katholische Frauenbewegung in Bayern wieder an die Öffentlichkeit zu treten und eine Meinung zu brennenden Zeitfragen zu äußern.«

6 Die social-caritative Frauenschule 1906–1916

»Caritas Christi urget nos – die Liebe Christi drängt uns.«

(Leitsatz Ellen Ammanns und Motto ihrer Frauenschule)

Wenn Frauen aus bürgerlichen oder adeligen Familien mehr tun wollen, als im Haus zu wirken, bleibt ihnen um 1900 im Prinzip nur das Ehrenamt, meist im Bereich der Wohlfahrt. Eine Ausbildung dafür gibt es allerdings lediglich in Ansätzen. Erst mit der Öffnung der Universitäten und der Einrichtung von Mädchengymnasien wird es möglich, Fachhochschulen für Frauen zu gründen. 1905 ruft der »Deutsche Evangelische Frauenbund« die erste konfessionelle soziale Frauenschule in Hannover ins Leben. 1908 kommt die überkonfessionelle »Soziale Frauenschule« der großen Sozialreformerin Alice Salomon in Berlin dazu. Sie wird das Vorbild für alle künftigen Frauenschulen.

Ab 1909 dürfen in Bayern Frauen in der kommunalen Armen- und Waisenpflege arbeiten – spätestens jetzt ist eine professionelle Ausbildung gefragt. Aber Ellen Ammann hat nicht nur eine Befähigung zur Erwerbsarbeit im Sinn, sie möchte die jungen Frauen für ihr ganzes Leben bilden, »sei es als Fürsorgerin, Klosterfrau oder Ehefrau«, wie es ihre Mitarbeiterin Maria Hopmann darstellt.

»VERANTWORTUNGSVOLLE ARBEIT AM MENSCHEN«

Dass soziale Arbeit nicht »im Dilettantentum stecken bleiben« dürfe, da es sich dabei um »verantwortungsvolle Arbeit am Menschen« handele, ist Ellen Ammann gleich klar. »Soziale Verpflichtungen der Öffentlichkeit zur Abhilfe sozialer Nöte forderten zwingend eine systematische Ausbildung jener Kräfte, die sich beruflich oder ehrenamtlich dieser neuen Zeitaufgabe widmen«, schreiben sie und Maria Hopmann

Das Siegel der sozial-caritativen Frauenschule mit dem Motto »Caritas Christi urget nos«

rückblickend 1918. Es sei deutlich, dass viele »Frauen und junge Mädchen [...] hilfsbereit bis zum Äußersten waren, denen aber das geistige Rüstzeug fehlte«. Vereinen oder Behörden sei es bisher nicht gelungen, die Anforderungen bezüglich der Ausbildung von Sozialkräften befriedigend zu erfüllen. Ammann und ihre Mitstreiterinnen wollen eine »auf das praktische Handeln bezogene Theorie, die unmittelbar auf das Wohl des Menschen gerichtet ist und eine Verbesserung der bestehenden Verhältnisse bewirken kann. Sie begreifen soziale Arbeit als spezifisch ›weibliche Kulturleistung‹«, wie Gerlinde Wosgien 2003 analysiert.

Ammann schreibt 1905 in ihrem Aufsatz »Die wissenschaftliche Weiterbildung der nicht berufstätigen Frau« zu diesem Thema: »Es hat sich aus der Praxis ergeben, daß sich hier ein Tätigkeitsfeld aufgetan hat, das ganz wesentlich der Frau zufällt. Soziale Arbeit ist mütterliche Arbeit.«

Dafür bietet die caritative Sektion des Münchner Frauenbunds ab dem Wintersemester 1905/06 soziale Seminare »für

Damen in München« an. Ein Seminar für soziale Praxis kommt dazu, Teilnehmerinnen erarbeiten unter Anleitung von Ellen Ammann und anderen acht anspruchsvolle Themen zu sozialen Fragen und präsentieren die Ergebnisse. Alice Salomon hält im Januar 1908 Vorträge über die »Lohnfrage der Arbeiterinnen« sowie zum »Arbeiterinnenschutzgesetze« und berät die Münchnerinnen, wie man aus der Sektion eine »umfassendere soziale Ausbildungsstätte mit katholischem Charakter für Frauen bürgerlicher Herkunft« machen kann. Ein reger Schriftverkehr schließt sich an.

Als nächste leitet Elisabeth Gnauck-Kühne aus Köln im März einen achttägigen Kurs über »Modernes Gemeinschaftsleben«, dem »Frauen aus allen Gesellschaftskreisen, Herren, Frauenbündlerinnen auswärtiger Zweigvereine, selbst Mitglieder des königlichen Hauses [...]« folgen. Gnauck-Kühne ist über das intellektuelle Niveau der Teilnehmerinnen so fassungslos, dass sie die Vorlesung zweimal unterbricht. Godin erzählt, sie habe geschimpft: »Zweihundert Jahre seid ihr zurück hier in München! [...] Wie die Negerinnen haben diese Frauen gesprochen, wie die Hottentottinnen! Und eine Diskussion nennen sie das? Ein Froschgequake ist's – sonst nichts!« Anschließend habe sie, »wutentbrannt über soviel Torheit und Rückständigkeit, Münchens Staub von den Füßen geschüttelt«. Auch einen weiteren Kurs droht sie abzubrechen, aber Ammann hält sie zurück: »Sie bleiben jetzt, bis ich mein Schlußwort gesprochen habe.« Gnauck-Kühne nimmt sich dann doch die Zeit, mit Damen der Sektion einen Lehrplan für eine zu gründende Frauenschule zu entwickeln.

ERSTE KURSE UND GEZIELTE FRAUENSCHULUNG AB 1909

Ellen Ammann trennt die Ausbildung der Frauen vom KDFB und baut sie »unter dem Zusammenschluß aller sozialen und caritativen Landesvereine« zur »sozialen und caritativen Frauenschulung in Bayern« aus. Im Herbst 1909 kündigen sie und Hopmann eine systematische planmäßige Ausbildung an, im Oktober finden die ersten Kurse in der Theresienstraße statt. Das ist auch höchste Zeit, denn jetzt endlich dürfen in Bayern Frauen in der behördlichen Armenpflege arbeiten. Eine der ersten, die diesen Beruf ergreifen, ist übrigens Luise Kiesselbach in Erlangen, die spätere Vorsitzende des Münchner »Vereins für Fraueninteressen«.

Auf einmal existiert ein großer Bedarf an geschulten Kräften. Für ihren Einsatz in der sozial-caritativen Arbeit möchte die Frauenschule katholische Frauen theoretisch und praktisch möglichst gut ausbilden. Dass das auch außerhalb einer Universität möglich ist, ist von großer Bedeutung, weil Frauen immer noch nur unter Schwierigkeiten eine Zulassung zum Studium bekommen.

Diese »Schulung« ist in Bayern jahrelang die einzige katholische Ausbildungsstätte für Frauen, die hauptberuflich (besoldet) oder auch ehrenamtlich im sozial-caritativen Bereich arbeiten möchten. Die konfessionelle »[...] Gesinnung erst macht die soziale Arbeit wertvoll und gibt der Beamtin die Berechtigung und die moralische Sicherheit, [...] helfend einzugreifen«, erklären Ammann und Hopmann. Man möchte also auch hier den bereits existierenden interkonfessionellen Einrichtungen ein katholisches Werk gegenüberstellen.

»SOZIALE ARBEIT IST MÜTTERLICHE ARBEIT«

Für die Schulung können sich ledige bürgerliche katholische Frauen bzw. Mädchen mit höherer Schulbildung einschreiben. Im Jahr 1909 tun das nur zwei Vollschülerinnen, aber 50 bis 100 Frauen nehmen pro Veranstaltung als Gäste teil. Und die Zahl der Anmeldungen steigt.

Das Programm reicht vom Rechtswesen bis zur Säuglingspflege. Ab 1912 werden einjährige Kurse angeboten, die in drei Abschnitte (Trimester) unterteilt sind. Lehrkräfte sind Akademiker und Nicht-Akademiker, Praktiker und Theoretiker, Männer und Frauen; Juristen, Professoren, Politiker, sozial Tätige, aber auch Lehrerinnen, eine Gutsfrau oder Beamtinnen. Dazu kommt ein Praktikum der Auszubildenden in öffentlichen Einrichtungen oder Vereinen. Spätestens jetzt hat die Schule nicht mehr lediglich das wohltätige Ehrenamt im

Sozial-caritative Frauenschulung.

Die hohe Bewertung caritativer Arbeit, das Bedürfnis nach sozialer Bildung und die wachsenden Anforderungen, welche unsere Zeit an die Frauenwelt stellt, hat den Katholischen Frauenbund zur Durchführung einer planmässigen sozial-caritativen Frauenschulung veranlasst. Getragen von dem lebendigen Geiste christlicher Nächstenliebe, wird dieselbe in systematischem Zusammenhang positive Kenntnisse und praktische Ausbildung vermitteln, um hierdurch die Allgemeinbildung der Frau zu vervollständigen, um möglichst viele für freiwillige und berufsmässige Arbeit auf sozial-caritativem Gebiete heranzuschulen, um soziales Denken und Fühlen in weite Kreise zu tragen.

Theoretischer Teil.

„Die soziale Frage im Lichte der christlichen Weltanschauung."

Sozial-ethische Vorlesungen von Professor **Seiler.** Oktober—März, alle 14 Tage 1 stündig.
Beginn: 9. Nov., 11 Uhr.

Volkswirtschaftslehre.

Landessekretär Dr. **Brem.** Oktober—April alle 14 Tage 2 stündig. Als Lehrbuch wird „Das Gemeinschaftsleben im Deutschen Reich" von Frau Elisabeth Gnauck-Kühne benützt.
Beginn: 28. Oktober, 5 Uhr.

„Die moderne Sozialdemokratie und die christliche Sozialreform."

Studienzirkel, geleitet von Landtagsabg. Präses **Walterbach.** Oktober—Juni, alle 14 Tage 2 stünd.
Beginn: 29. Oktober, 5 Uhr.

„Die Frau im Dienste der Gemeinde"

mit besonderer Berücksichtigung der Fürsorgetätigkeit der Armen- und Waisenpflege. – Soziales Seminar, geleitet von Landessekretär Dr. **Brem.**
Oktober—Juni, monatlich einmal 2 stündig.
Beginn: 21. Oktober, 5 Uhr.

Kinderpflege im ersten Lebensjahre.

Theoretischer Kurs im Prinzessin Arnulph-Haus für Säuglinge, Dauer 6 Wochen, wöchentlich zweimal 1 stündig, Dr. med. **Reinach.**
Beginn: 26. Oktober, 3 Uhr.

Kindergartenkurs.

Von Februar—April wöchentl. zweimal 2 stündig, Fräulein **Morgenroth.**

Einweisung in die Technik der Vereinsarbeit.

Übungskursus a) für Buch- und Kassenführung, b) für Registrieren, c) für Vervielfältigungsverfahren, d) Anleitung für Zeitungsnotizen, Eingaben usw. Wöchentlich einmal 2 stündig, geleitet von verschiedenen Fachleuten.
Beginn: 25. Oktober, 10 Uhr.

Praktischer Teil.

Säuglingspflegekurs

im Prinzessin Arnulph-Haus für Säuglinge. Praktischer Kursus, Dauer 3 Monate, dreimal wöchentlich, 4½ stündig. Dr. med. **Reinach.**
Beginn: umgehend nach der jeweiligen Anmeldung.

Ausbildung durch Hilfsarbeit in folgenden Vereinen und Anstalten:

Säuglingsmilchküche des Prinzessin Arnulph-Hauses für Säuglinge. Frühlingsstrasse 27.
Kinderheim.
Mädchenhort.
Jugendfürsorgeverband.
Patronagen für jugendliche kath. Arbeiterinnen.
Gewerkverein der Heimarbeiterinnen.
Arbeitsvermittlung des Kath. Frauenbundes.
St. Elisabethenverein
Katholische Volksbibliotheken usw.

Es wird ausdrücklich darauf aufmerksam gemacht, dass ausser der vollständigen Ausbildung durch die sozial-caritative Frauenschulung auch jeder Kursus, als Studium für Spezialgebiete, **einzeln** belegt werden kann.

Zykluskarte für die sozial-ethischen Vorträge 5 ℳ, Saalkarte 30 Pf.

Zykluskarte für Volkswirtschaftslehre 5 ℳ, Saalkarte 30 Pf.

Studienzirkel — Seminar — Einweisung in die Technik der Vereinsarbeit 5 ℳ, für Mitglieder des Kathol. Frauenbundes und die tätigen Mitglieder der ihm angeschlossenen Vereine 2 ℳ. Kinderpflege im ersten Lebensalter 5 ℳ, Säuglingspflegekurs 30 ℳ, Kindergartenkurs 10 ℳ.

Alle Veranstaltungen finden mit Ausnahme der Kinderpflegekurse im Saalbau des **Hotel Union, Barerstrasse 7,** statt. Veränderungen vorbehalten

Alle Anmeldungen und Anfragen sind zu richten an das **Sekretariat: München, Theresienstrasse 25.**

Münchener Katholischer Frauenbund.
(Zweigverein.)

Kursangebot der sozial-caritativen Frauenschulung

Auge, sondern »[…] einerseits die Ausbildung zur Mitarbeit im Katholischen Frauenbunde und in den anderen Vereinen, andererseits die Heranbildung für soziale Berufsarbeit in ehrenamtlichen und honorierten Stellungen«, wie es 1913 in der Zeitschrift »Der katholische Frauenbund« steht.

Schon 1909 gibt es eine Sektion für Laienapostolat. Hier können sich Frauen als Laienkatechetin für den Religionsunterricht ausbilden lassen. Ab 1910 wirken erste Absolventinnen als Katechetinnen in verschiedenen Pfarreien.

DIE SCHULE AB 1916

1914 wird das Lehrangebot für ein Jahr auf Kriegsbedarf umgestellt. Ottmar Ammann beispielsweise unterrichtet »Verwundetenpflege zu Hause«.

Ellen Ammann und Maria Hopmann planen, die Schulung zu professionalisieren und eine Landesschule für das katholische Bayern einzurichten. Ab Oktober 1916 dauern die Kurse zwei Jahre, mit einer Prüfung nach jeweils einem Jahr. Damit hat man die Struktur der Berliner Frauenschule von Alice Salomon übernommen. Voll Freude berichtet Ammann ihr 1916: »Verehrtes, hochgeschätztes Frl. Doktor, es ist so weit! Die sozial-caritative Frauenschulung in München bietet endlich, dank Ihrer Unterstützung und geistigen Anregung, eine Schulung von geschlossenen Kursen an. [...] Gerade die katholische Frau ist dazu berufen, auf allen diesen Gebieten den Einfluß des Christentums in die Wagschale [sic] zu werfen. Sie muß mit der katholischen Männerwelt danach streben, daß jene göttlichen Eigenschaften der Liebe und Gerechtigkeit immer mehr triumphieren und so die sozialen Wunden bald geheilt werden.« Mit abschließenden Worten bedankt sie sich bei der Jüdin für die »großartige Unterstützung. Sie haben wesentlich zur Etablierung einer sozial-caritativen Frauenschulung in München, ja in Bayern, beigetragen.«

1916 liegt die Trägerschaft beim Bayerischen Landesverband des KDFB. Die Schulung heißt jetzt »Soziale und caritative Frauenschule des Katholischen Frauenbundes in Bayern«. Schon 1918 kommen Schülerinnen aus ganz Deutschland und es werden immer mehr, »[...] um sich hier auf dem Boden bewußter, tiefer Religiosität und im Sinne katholischer Frauenbewegung für eine spätere Betätigung im sozialen Leben vorzubereiten. Im reichen Wechsel von ernstem Studium, interessanten Besichtigungen, frohen Wanderungen und Festen spielt sich das Schulleben ab« (Maria Ammann im Frauenbund-Kalender 1931).

1919 wird zusätzlich eine kostenlose Vermittlungsstelle für katholische Sozialbeamtinnen eingerichtet.

1919: ZWEI FRAUENSCHULEN IN MÜNCHEN

Die Stadt München richtet gleichzeitig eine »Soziale Frauenschule« unter der Leitung von Frieda Duensing ein. Heute gehört sie als Fakultät für Angewandte Sozialwissenschaften zur Hochschule München. Die Forschungslage erlaubt keine Aussagen über das Verhältnis zwischen den beiden Schulen; aufgrund ihrer unterschiedlichen ideologischen Ausrichtung könne laut Hopmann jedoch eine Konkurrenzsituation ausgeschlossen werden.

1925 fordert Ellen Ammann im Landtag eine staatliche Ausbildungs- und Prüfungsordnung für Wohlfahrtspflegerinnen – mit Erfolg: Bayern erlässt diese am 10. März 1926. Im selben Jahr erfolgt auch die staatliche Anerkennung der Schule. Das Spektrum der Berufsmöglichkeiten wird dank verschiedener Gesetze in den folgenden Jahren immer größer. Luise Jörissen, die die Ammannsche Schule ab 1925 leitet, bringt eine seelsorgerisch-pastorale Komponente ein, eine »Missio canonica« wird möglich. Die Ausbildung zur Seelsorgehelferin kann bis 1962 absolviert werden.

Bis 1933 werden 421 Frauen an der Ammannschen Frauenschule ausgebildet. Nach einer wechselvollen Geschichte im »Dritten Reich« und nach dem Krieg zieht die Ellen-Ammann-Schule, wie sie ab 1964 heißt, 1970 in die Preysingstraße 83. Seit 1971 ist sie in die Katholische Stiftungsfachhochschule (seit 2017 Katholische Stiftungshochschule) München integriert, wo 2020 ein neues Gebäude, das Ellen-Ammann-Seminarhaus, eröffnet wird.

LEITERIN UND LEHRERIN

Die Frauenschule wird als das Lieblingswerk Ellen Ammanns bezeichnet, ist doch die soziale Ausbildung eine wichtige Basis für die von ihr so innig gewünschte »heilige Schar«

(s. Kap. 9). Als Schulvorstand ist sie automatisch 2. Vorsitzende im Fachausschuss für caritative Schulung des »Deutschen Caritasverbands«. Auch als Landtagsabgeordnete behält sie die Wohlfahrtspflegerinnen immer im Fokus.

Zwei Stunden in der Woche unterrichtet sie »Frauenfrage und Frauenbewegung«, bis zum Tag vor ihrem Tod am 23. November 1932. Bis 1925 leitet sie die Schule und bleibt im Vorstand bis 1932. Ihre Tochter Maria übernimmt 1929 die Schule und führt sie bis 1961, mit Unterbrechung zwischen 1941, als die Schule aufgelöst wird, und dem Wiederaufbau ab 1945.

Lassen wir ein paar Schülerinnen erzählen, wie sie den Unterricht von Ellen Ammann erlebt haben:

Therese Ullrich: »Als ich selber sie das erste Mal sah, hielt ich sie wahrhaft für die Putzfrau der [...] Frauenschule, denn als Kind vom Lande war ich damals der Meinung, dass eine so berühmte Frau als elegante Erscheinung auftreten würde. [...] In diesen Stunden verstand sie es, die missionarische Aufgabe des Frauenbundes den Schülerinnen so klar zu machen, daß jeweils eine bis vier Schülerinnen in den hauptamtlichen Dienst des Frauenbundes eintraten. [...] Sie war ihnen leuchtendes Vorbild.«

Paula Linhart: Sie »konnte ihren Stoff vermitteln, ohne amtlich zu sein. [...] Sie stellte sich selbst hinter ihr Anliegen zurück.« – »Die an ihrer Schule ausgebildeten Wohlfahrtspflegerinnen besetzen als begehrte Fachkräfte die ersten Stellen in den sich bildenden Wohlfahrts- und Jugendämtern, in der Werkfürsorge und Gesundheitsfürsorge des Landes, sie erschließen sich Aufgaben der weiblichen Kriminalpolizei und den Zugang in die Gefängnisse.«

Andere Schülerinnen (lt. Hopmann): »Ich könnte mir gar nicht denken, wie ich meinem jetzigen Beruf (als Frau und Mutter) gerecht werden könnte ohne das Wissen, das mir durch die Frauenschule geworden ist.« – »Ich glaube, Sie wissen gar nicht, wie wir Münchner an Ihrer Schule hängen.« – »Frauenfrage und Frauenbewegung, [...] ist meiner Ansicht nach das wertvollste Kolleg der Münchner Schule.«

7 Ellen Ammann – Ehefrau und Mutter nach 1904

»Du, o mein Gott hast die Bande gebildet,
die mich an ihn fesseln;
[...] aber mache, daß nach dir, Herr,
nach dem Glück dir zu gefallen,
die Anhänglichkeit an meinen Mann,
die Sorge, ihn glücklich zu machen,
mich ganz und gar einnehmen.«

(Gebet für Ottmar Ammann)

»EINS ZUM ANDERN«

Man muss sich vor Augen halten, was Ellen Ammann, seit sie in München lebt, geleistet hat: Sie hat sich ein Leben in einem fremden Land aufgebaut, eine Schwangerschaft nach der anderen durchgemacht, den Haushalt besorgt und sich um die Verwaltung von Praxis und Klinikbetrieb in München und Niederpöcking gekümmert. Trotzdem gibt es jetzt Aufgaben, die dieser engagierten Frau immer wichtiger werden: Ihr soziales Engagement und die Verpflichtung, die sie gegenüber der katholischen Sache empfindet, lassen sie nicht zur Ruhe kommen. Bisher haben wir »Mädchenschutzverein«, Bahnhofsmission, Frauenbund und Frauenschule kennengelernt. Doch das ist noch längst nicht alles.

ELLEN AMMANN – GANZ MENSCHLICH

Das ›Menschelnde‹ in einer Biografie interessiert uns Leserinnen und Leser ja immer besonders. Bei Ellen Ammann ist es jedoch sehr schwierig, passende Anekdoten zu finden. Aufgrund der Quellenlage ist es alles andere als leicht, ein privates Bild von ihr zu zeichnen. In ihren Aufsätzen und Landtagsreden erscheint sie uns nüchtern, unpersönlich, herb. Das mag zum einen daran liegen, dass offizielle Texte anders klingen als private, und zum anderen daran, dass

Deutsch nicht ihre Muttersprache ist. Die Briefe haben – auch wenn die meisten von Marianne Neboisa übersetzt und vielleicht ›geschönt‹ wurden – hingegen einen anderen Klang. Da nennt sie ihre Gegenüber liebevoll »Schatz«, »innig geliebte«, »Kleines«. Man spürt Zuneigung, Sorge und manchmal auch Freude. Es geht dabei meist um den Glauben, um die Familie, um Belange der Briefpartnerinnen und -partner, um Geldnot oder Krankheiten, und ganz selten einmal blitzen kleine Infos durch darüber, was Ellen Ammann außer ihrer Arbeit bewegt.

Tiere liebte Ellen schon als Kind, es gab in ihrem Umfeld immer Haustiere. Auf Schloss Surenburg lernt die 18-Jährige reiten; in einem Brief erkundigt sie sich explizit nach den Haustieren in Stockholm. In München haben die Ammanns wieder Haustiere. Wir wissen zum Beispiel von einem Dackel und einer Katze, die wohl schon krank zu ihnen gekommen ist. In mehreren Briefen beschreibt die besorgte Ellen Ammann das kranke Tier, seine Fortschritte und Rückschläge. Als »Thai« letztlich trotz aller Bemühungen eingeschläfert werden muss, bereiten Ottmar und sie dem Tier einen liebevollen Abschied. Die Tierliebe geht sogar so weit, dass die tote Katze ausgestopft wird.

In einem der »Katzenbriefe« berichtet Ellen auch von einem Affen und kleinen Papageien: Diese »sitzen nun vorn beim Fenster und haben ein Nest bekommen«. Papagei und Dackel sind auch auf einem Porträtfoto von Ellen Ammann abgebildet. Dieses Idyll passt so gar nicht ins Bild, das man von ihr hat. Deshalb ist es besonders schön, hier einmal eine andere Seite von ihr zu sehen.

Was liest sie? Das wüsste man gerne. Vorrangig anscheinend Religiös-Erbauliches, daneben Reiseliteratur. Für Geschichte interessiert sie sich seit der Schulzeit. »Wenn sie nachts nicht schlafen konnte«, schreibt Maria Hopmann, die ja im Haushalt der Ammanns lebt, »griff sie zu einem Geschichtswerk; und man konnte sie fragen, was man wollte, sie wußte immer Bescheid. [...] das gab ihr wohl die Sicherheit in den politischen Tagesfragen [...]«

Die junge Ellen Ammann mit ihren geliebten Tieren, 1892

Sie hätte gerne weitergelernt. 1908 besucht sie soziale und wirtschaftswissenschaftliche Vorlesungen an der Münchner Universität. Den ›Ausflug‹ in die gelehrte Welt muss sie jedoch schweren Herzens bald wieder beenden: »Das Wohnungsproblem, die Schulbildung, die Fachausbildung, das Vereinswesen, alles ist Seelenarbeit und Pflicht für uns Christen in doppelter Hinsicht. Wenn jemals, dann ist es jetzt wahr, daß die Weinernte groß ist und die Arbeiter wenige sind. Darum muß ich wohl die Wissenschaft und alles mögliche in dieser Richtung aufschieben. Das alles muß ich begreifen und wissen, so sehr ich auch danach verlange. Jetzt muß ich arbeiten im Weinberg.«

Sie reist gerne, sooft sie kann, und nicht nur nach Schweden. Ihre Aufgaben führen sie durch ganz Deutschland. Manchmal geht sie ins Theater oder ins Kino – worüber sie aber nur berichtet, wenn sie den Verfall der Sitten konstatieren muss.

1904 erzählt sie der Mutter von einem Besuch des Oktoberfests, wohin man von zu Hause ein Brathähnchen mitnimmt. Große Freude haben alle an der Menagerie und dem Toboggan. Einmal, so erfahren wir, sind Herr und Frau Ammann im Salvatorkeller, und Ellen hat am nächsten Tag einen Kater. 1925 hält Ottmar in seinen »Lebenserinnerungen« ein ganz besonderes Ereignis fest: »Ellen fliegt!« Leider erzählt er nicht mehr. Wir erfahren nur, dass es bis zur Zugspitze gehen soll, die Reise aber aufgrund von Wolken und Nebel am Starnberger See endet.

VERLUSTE UND SORGEN

Freundinnen zu verlieren, sei es durch Wegzug oder den Tod, stürzt Ellen Ammann immer in tiefe Trauer. 1903 stirbt Marie von Hohenhausen. Den Kummer darüber schreibt sie sich in Briefen von der Seele. Im selben Jahr kommt Pauline Gräfin von Montgelas nach München, arbeitet im Mädchenschutz mit und wird zu einer neuen Vertrauten. Als sie 1909 nach Würzburg zieht, ist Ellen sehr niedergeschlagen. Sie schreibt nach Schweden: »Ich weiß gar nicht, was Gott Vater von mir will. Statt daß ich ein wenig Hilfe bekomme, nimmt Er mir meine beste Hilfe fort – und gibt mir mehr Arbeit jeden Tag. Ich bin ziemlich herunter, kann nicht überwinden, daß meine Gräfin fortkommt. Ich fand sie endlich in meiner Verzweiflung [...] Es ist hart, alle Freunde weit fort zu haben und immer wieder die zu verlieren, mit denen man sich aussprechen kann. Es gibt bloß einen ›Freund‹, zu dem man stets gehen kann, anders wäre das Leben zu schwer.« Am 26. Januar 1909 fügt sie an: »Gestern abend reiste Pauline Montgelas ab und dies war und ist sehr hart, härter als ich glaubte. Heute könnte ich den ganzen Tag weinen. Stattdessen werde ich Generalversammlung im Frauenbund haben [...]«

Ab etwa 1903 begleiten materielle Sorgen das Leben der Ammanns. Die Praxisklinik läuft nicht so gut wie anfangs. Ottmar und Ellen schreiben öfter nach Schweden, wie verzweifelt, »von Sorgen überwuchert« Ottmar wegen fehlender Einnahmen sei. Alle Pläne, etwas zu ändern, führen zu keiner Verbesserung. 1904 wird die Villa in Niederpöcking vermietet; sie kostet inzwischen mehr als sie durch die Miete einbringt. Sie zu verkaufen ist aber lange nicht möglich.

1908 verschärft sich die Lage durch die Eröffnung der großen orthopädischen Klinik in Harlaching, und die Konkurrenz wird ab 1913 noch drückender: 15 neue orthopädische Kliniken gibt es in der Stadt. Ottmar muss seine Klinik verkleinern, kann die ungenutzten Räume nicht mehr untervermieten und verliert dadurch Einnahmen.

Hinzu kommt seine politische und religiöse Haltung: Als Zentrumsmitglied macht man sich bei Arbeitern – potenziellen Patienten! – nicht unbedingt Freunde. Es heißt einmal gehässig, er solle halt die Kapuziner behandeln. Ellen berichtet der Mutter: »[...] der arme Ottmar hat es wirklich nicht leicht im Leben, erfährt wirklich viel Krittelei wegen seiner Religion; man hetzt wohl auch meinetwegen.«

Die Familie zieht 1914 in die Leopoldstraße 27. Anstalt und Frauenbund bleiben an der alten Adresse Theresienstraße 25. Im Krieg müssen einige Räume für militärische Zwecke zur Verfügung gestellt werden, der ärztliche Betrieb ruht weitgehend. Ottmars Gehalt als Stabsarzt im Reservelazarett reicht nur knapp aus. »Wir lernen etwas das Sparen«, erfährt Freundin Lydia nach zwei Kriegsjahren, »aber das ist kein Unglück. Manches wird organisiert [...] Wir wollen und werden durchhalten, allerdings unter großen geistigen Leiden.« Als dem Familienoberhaupt 1920 gekündigt wird, sind alle froh, dass Ellen ihre Diäten aus dem Landtag hat.

Sohn Franz Ammann erzählte später Marianne Neboisa: »Ich weiß von Vater und Mutter, daß sie praktisch immer genau so viel hatten, wie sie brauchten.« Sie hätten sich so arrangiert, dass einer gearbeitet und Geld verdient habe, während der andere zu Hause war. So »daß es eben gegangen ist«. Man spart, wo es geht, beispielsweise an der Trambahn, läuft stattdessen zu Fuß. Franz erhält, als er mit zehn, elf Jahren in Schweden bei der Großmutter lebt, einen Brief von den Eltern, voller Mahnungen zu Gehorsam, Sparsamkeit und Achtsamkeit. »Sei ein lieber, großer Junge und vergiß nicht, daß Vater und Mutter ein großes Opfer für dich bringen und du darum doppelt fleißig sein sollst. [...] Gib acht auf deine Kleider, denn sie kosten viel Geld und der Großmutter viel Arbeit, wenn du viel verreißt.«

GESUNDHEITLICHE PROBLEME

Kein Wunder bei all diesen Belastungen, dass sich Ellen Ammann häufig angeschlagen fühlt: Ihr Arbeitspensum ist enorm, die Kinder bringen außerdem ständig Infektionen nach Hause. Vor allem aber leidet sie oft unter Migräne, Erschöpfung und Nervosität. »Ich bin so müde und grantig!«, schreibt sie, oder dass sie so zappelig sei. Oder erschöpft: »Am Mittwoch war ich am Ende und legte mich einen Tag ins Bett. [...] Ich bin so schrecklich müde, so müde, Lydia.« Das ist 1909, Ellen ist knapp 40 Jahre alt. Neboisa schreibt häufig von der körperlich zierlichen, aber starken Frau. Dieses Bild von sich pflegt Ammann selber: Nie vergisst sie in den Briefen die Bitte, diese Probleme und Beschwerden gegenüber der Familie nicht zu erwähnen. Die Angehörigen sollen sich keine Sorgen machen, Ellen nicht bremsen. Aber es entspricht, wie wir sehen, nicht immer der Realität.

Im Januar 1915 erkrankt Ottmar schwer. Er leidet an einer Blinddarmentzündung und kann lange nicht operiert werden, weil Herzversagen befürchtet wird. Nach dem geglückten Eingriff braucht er Wochen, um auf die Füße zu kommen. Auch seine Frau wird während des Kriegs krank. Am 1. April 1917 »kommt [sie] sofort ins Rote Kreuz. Professor Amann operiert sie. Außerordentlich starker Blutverlust. Herz sehr schwach. Kampfereinspritzungen [...]« Es ist die Rede von einer Fehlgeburt. Monatelang leidet sie an den Folgen, an Blutungen und Erschöpfung.

OTTMAR AMMANN – DER UNTERSTÜTZENDE GATTE

In Sachen Frauenbund seien seine Eltern sich hundertprozentig einig gewesen, berichtet Sohn Franz 1988: »Über den Frauenbund gab es keine Diskussionen, höchstens daß der Vater ihn noch unterstützt hat. Vater hat ja einen eigenen Vortrag bei der Einführungsveranstaltung gehalten [...] und er hat auch bei dem großen Vortrag auf dem ersten Katholikentag in Regensburg [1904] mit meinem späteren Firmpaten in einer Art Privatakt in der ganzen Stadt Plakate angeklebt.« 1921 ist Ottmar sogar in Böhmen, um Mitglieder für einen neuen Ortsverein zu rekrutieren.

Wie die Kinder muss Ellen auch ihren Mann manchmal vernachlässigen. 1907 beschwert er sich bei der Schwiegermutter: »Liesel [Ellen] hat gar keine Zeit für mich mit lauter Kindern und Verein.« Und 1909 schimpft er: »Ellen ist in Köln, der verflixte Frauenbund, man hat nur Schererei und Plage und gar keinen Profit.« Aber gleichzeitig sieht er auch etwas Positives: »Auf der anderen Seite allerdings hat Liesel großen Verkehr und viele Freunde.«

All das weiß Ellen: »Meinem Mann freilich muß ich es immer wieder danken, daß er mir meine öffentliche Wirksamkeit gestattet hat [...] Ein für immer Erstrebenswertes aber ist solches Doppelwirken sicherlich nicht; im Kernpunkt der Bundesarbeit sollten nicht Familienmütter stehen.« Für sich selber macht sie da eine Ausnahme!

1911 wird Ottmar anlässlich des 20-jährigen Bestehens seiner Klinik zum Hofrat ernannt. In Bayern bekommen die Ehefrauen noch lange die Titel ihrer Männer mitverliehen, inoffiziell jedenfalls; so ist Ellen, die bisher die »Frau Doktor« war, ab jetzt »Frau Hofrat«.

Ellen Ammann, bereit zum Ausgehen, 1909

FRAU HOFRAT, DER »KLEINE FELDHERR«

Die frisch gebackene Frau Hofrat als »kleinen Feldherrn« zu bezeichnen: So frech darf nur ein Familienmitglied sein. Oder eine enge Vertraute wie Maria Hopmann. In ihrer Hommage zum 60. Geburtstag wird sie deutlicher: »Gewiss, Frau Hofrat war eine energische, oft strenge Vorsitzende, die sehr viel von ihren Mitarbeiterinnen verlangte, und manchen schauderte, wenn das bekannte ›das m u ß geschehen, und zwar in kürzester Frist‹ ertönte. Sie erwartete große Selbständigkeit bei der Arbeit, so daß manch eine fand, es werde ihr zuviel Verantwortung aufgebürdet. Und doch wird es nicht eine geben, die nicht erfahren hat, wie dazwischen ihre mütterliche Fürsorge sich um das körperliche Wohlergehen sorgte und mehr noch um seelische Aufmunterung, kluge Ratschläge für das persönliche Leben zu geben wußte. Suchte sie in ihrer Arbeit doch vor allem die Seelen und wollte sie im Großen und Kleinen für das Reich Gottes auf Erden wirken, aus übernatürlichen Motiven heraus.« Hopmann erzählt, wie sich die Vorsitzende immer vor ihre Mitarbeiterinnen stelle, auch bei Fehlern, immer ausgleichend, nie nachtragend.

Eine humorvolle Seite zeigt das Theaterstück »Frau Hofrat ist da! oder wie's manchmal bei uns zugeht« von 1920 oder 1921. Dargestellt wird der hektische Arbeitsalltag in der Geschäftsstelle des Münchner KDFB, »aber auch, wie Frau Hofrat, gemeint ist Ellen Ammann, trotz vollen Terminkalenders und immensen Zeitdrucks für jede Besucherin ein offenes Ohr hat«. So beschreibt es Gerlinde Wosgien in der Frauenbund-Chronik »Neun Jahrzehnte starke Frauen in Bayern und der Pfalz« aus dem Jahr 2001.

FEIERN AUCH IN SCHLECHTEN ZEITEN

Im Oktober 1915 begehen Ellen und Ottmar mit den vier jüngeren Kindern in Altötting ihre Silberhochzeit. Und auch im Frauenbund wird gefeiert, wann immer sich eine Gelegenheit bietet: Am 8. Dezember 1914 zelebrieren die Münchnerinnen ihr Zehnjähriges. Pater Cölestin hält einen Vortrag über »Krieg und religiöses Empfinden«. Ellen muss sich Reden auch über sich selbst anhören. »Am nettesten sprach Fürstin Öttingen, die erzählte, wie ich immer den Vorsitz abgelehnt hatte, weil ich zu jung sei«, berichtet sie ihrer Schwester Harriet. »Und immer noch sehe ich so jung aus, findet sie.« Ellen erhält eine 40 cm hohe Nachbildung der Münchner Mariensäule, und später eine besondere Ehre: Kardinal Franz von Bettinger überreicht ihr das päpstliche Ehrenkreuz »Pro Ecclesia et Pontificie« (sie trägt es auf dem Coverbild). Auch Königin Therese nimmt an der Feier teil, schenkt ihr ein Bild mit Widmung, man plaudert miteinander. Stolz schreibt Ellen nach Schweden, dass darüber sogar die bayerischen Zeitungen berichtet hätten.

Am 7. Januar 1916 erhält sie das bayerische König-Ludwig-Kreuz. Es wird Personen verliehen, die sich während des

Familienfoto anlässlich der Silberhochzeit von Ellen und Ottmar, 1915. 1. Reihe (v. l. n. r.): Ottmar, Maria, Ellen und Franz; 2. Reihe (v. l. n. r.): Rolf, Albert, Hugo und Erik

Krieges durch freiwillige Tätigkeit in der Heimat besondere Verdienste erworben haben. Ein halbes Jahr nach Ellen erhält es ihr Gatte Ottmar.

Ihren 50. Geburtstag 1920 feiert Ellen ohne die Kinder, die vier älteren Söhne führen ein Leben in der Ferne. Aber die Mitarbeiterinnen der Bundessekretariate veranstalten für die Jubilarin ein Fest. Die »gebefrohe Bundesmutter« erhält als Geschenk 50 Wäschestücke für Kleinkinder, zum Weitergeben. Der Landesvorstand der BVP, Karl Friedrich Speck, gratuliert: »Sowohl in der Parteileitung wie in der Landtagsfraktion haben Sie sich durch Ihr politisches Verständnis und durch die ruhige Art, in der Sie oft an der Lösung schwieriger politischer, wirtschaftlicher und auch persönlicher Fragen mitarbeiteten, das größte Ansehen erworben. Sie sind uns so eine sehr geschätzte Mitarbeiterin geworden und es ist uns ein Bedürfnis, dies an Ihrem Ehrentage anzusprechen [...]«

Ottmar notiert: »Es gab große Festlichkeiten und Ehrungen von allen Seiten. Die Anerkennung für ihre viele Arbeit tut wohl.« Am nächsten Tag pilgern alle nach Maria Eich, der Wallfahrtskirche bei München-Planegg.

DIE FINANZIELLEN SORGEN HÖREN NICHT AUF

1919 findet sich endlich ein Käufer für die Villa. Ottmar trennt sich nur schwer von seinem Erbe, aber er gibt Ellen einen Freibrief: »Ich kann nicht mehr. Tu, was du für recht hältst. Ich werde es Dir nie zum Vorwurf machen.« Leider hat man nicht lange etwas von dem Geld, es geht bald durch die Inflation verloren.

Der Winter 1920 ist wie die davor sehr hart. Wir »[…] frieren, daß es uns schüttelt«, schreibt Ellen im November nach Schweden. »Es braucht große Tugend, ihnen [den Alliierten] nichts Böses zu wünschen oder sie nicht zu hassen. […] Sollte […] reisen [für den KFB], aber es ist so kalt, daß ich es nicht wage.«

Die Diäten Ellens als Landtagsabgeordnete (s. Kap. 8) sind jetzt die Basis des Familieneinkommens. Zwar werden Fehlzeiten wie Urlaub oder Krankheit abgezogen, aber sie ist Mitglied in einigen Kommissionen, was zusätzlich bezahlt wird – aber gleichzeitig viel Arbeit macht. Dafür gibt sie Aufgaben ab, in der Frauenschule wird Maria Hopmann Stellvertreterin, 1929 übernimmt Tochter Maria Ammann die Leitung.

Kein Familienmitglied hat genügend Geld, um zur Priesterweihe des ältesten Sohns Albert Ende Juni 1923 nach Krakau zu fahren oder an der Hochzeit von dessen Bruder Hugo im August in Oberschlesien teilzunehmen. Als Ottmar sich im August bei einem Radunfall an fünf Stellen das Bein bricht, können die Ammanns einen längeren Krankenhausaufenthalt nicht bezahlen, der Tag kostet 1 Million Mark. So verlässt er die Klinik nach vier Wochen und plagt sich mit Rollstuhl und Krücken. Ellen kann ihren Mann nicht einmal pflegen, sie ist wie schon in den Jahren zuvor auf Vortragsreise in Nordschweden. Aufträge dieser Art vermittelt ihr Lydia hin und wieder. »Wir brauchen Geld so sehr«, klagt Ellen mit der Bitte um weitere Termine.

1924 laboriert der inzwischen 63-jährige Ottmar immer noch an den Unfallfolgen und an rheumatischen Beschwerden, kann kaum gehen und hat infolgedessen so gut wie keine Einnahmen. »Ottmars Knie ist noch schwach [...] Er kann nicht richtig gehen [...] nur im Zimmer mit zwei Stöcken [...] Der Verdienst ist schrecklich schlecht.«

Im November zieht Ottmar eine finanzielle Bilanz: »Hätte nicht Ellen Landtagsdiäten, einiges ausländisches Geld von Hugo und Maja Foss [befreundete Juwelierin in Stockholm] und die Einnahmen von ihren Vorträgen in Schweden gehabt, so hätten wir hungern und betteln müssen.«

DIE KRAFT LÄSST NACH

Die schweren Jahre hinterlassen auch bei der scheinbar unverwüstlichen Ellen Ammann ihre Spuren. In den neuen Landtag 1920 wird sie wiedergewählt, ist aber im Juli und August für eine Kur in Bad Wildbad beurlaubt. Sie schreibt der Mutter: »Ich weiß nicht, was aus meinem Gelenkrheumatismus wird. Die verflixten Franzmänner stehlen alle unsere Kohlen.«

Die Arbeitsbelastung im Landtag ist immens. Die häufigen Regierungswechsel in den 14 Jahren der Weimarer Republik machen zahlreiche anstrenge Wahlkampfveranstaltungen nötig, fünfmal müssen die Politiker für den Landtag antreten und achtmal für den Reichstag. Mammutsitzungen im Parlament rauben viel Kraft.

Eigentlich soll niemand merken, wie müde sie ist. Aber im April 1923 kann sie das vor ihrer Tochter Maria nicht verbergen. Die schickt die Mutter nach Schweden und unterrichtet Ameley Sepp: »Wie ich von Regensburg wieder zurückkam, sah ich, dass sie so schlecht aussah, müd und nervös war, da berieten Maria [Hopmann] und ich, was zu machen sei und kamen zu dem Resultat, dass sie nach Schweden müsse. [...] im Laufe von acht Tagen war alles fix und fertig.«

Ottmar ist 1928 schwer krank – Herzmuskeldegeneration und Fettsucht, schreibt Ellen nach Schweden. Kur und eine Erholungsreise werden nötig, sprengen aber beinahe das

Budget. So ist sie im Oktober völlig erschöpft: »Ich komme mir vor wie ein zum Zusammenbrechen gehetztes Wild. Und tue doch, was ich kann. Bete für mich.«

ELLEN AMMANN UND DIE HIERARCHIEN

Ellen ist – geprägt durch die schwedische Frauenbewegung – ein recht unabhängiger Geist. Sie geht, wie wir am Beispiel Bayerischer Landesverband gesehen haben, nicht immer konform mit Köln, führt ihre Vereine in München nach ihren Vorstellungen. Auch die Abhängigkeit Kölns vom Klerus schätzt sie nicht unbedingt. Gegenüber ihrer Mutter kritisiert Ellen 1909 die Kolleginnen dort: »[...] ich habe Schwierigkeiten mit Köln, das nicht versteht, überall mitzugehen und stets seinen Kardinal fragt.« Das sei doch eine typische Einstellung, denkt Lydia über die deutschen katholischen Frauen, was Ellen bestreitet: »Du würdest Dich gewundert haben zu sehen, wie oft wir unseren Priestern widersprachen und wie gut wir zum Schluß übereinkamen.«

Gedenktafel für Ellen Ammann am Haus des KDFB in der Schraudolphstraße 1

Dennoch hält Ammann an der von der Bibel vorgegebenen Ordnung fest, laut der die Frau dem Mann untertan ist: »Viele behaupten, die Frauenfrage sei da, weil der Mann das Haupt der Familie sei; die Frau müsse dem Manne gleichgestellt werden. Dagegen protestieren die katholischen Frauen. Der Mann muß das Haupt der Familie bleiben!«

Wie die fortschrittlicheren Priester sieht sie darin nicht per se eine Unterdrückung der Frau. Vereinfacht gesagt, ist die gerne verwendete Formulierung ›Gehilfin‹ des Mannes in ihrer Vorstellung gleichzusetzen mit Gefährtin/Partnerin. Für Ellen Ammann ist eine Zusammenarbeit *mit* den Männern, auf Augenhöhe, nicht *gegen* sie, selbstverständlich. Sie weiß aber auch, dass dafür Überzeugungsarbeit nötig ist. Genau das richtige Thema für eine Diskussion mit der Frauenrechtlerin Wahlström: »Hier [in Deutschland] muß die Frau beweisen, daß sie derart arbeiten kann. Darum arbeiten wir praktisch und überzeugen die Männer von unserer Kapazität, dann geben sie nach Schritt für Schritt. Es ist nämlich einem Deutschen sehr schwer zu beweisen, daß die Frau gleich viel wert ist wie der Mann.« Schon vorher hatte sie ihr einmal geschrieben: »Was meine Tätigkeit in Frauenfragen angeht, so weißt Du bereits davon. Es versteht sich, daß ich ein wichtiges Glied in der Kette bin, weil ich – nicht deutsch geboren – in vielem freier denke als die Frauen hier.«

Sie selber hatte zu Beginn ihrer Ehe ja durchaus den Anspruch, sich unterzuordnen, hat lange daran gelitten und ist letztlich diesem Anspruch nicht wirklich gefolgt.

8 Krieg und Revolution 1914–1919

»So eine Überraschung: Und so etwas Großartiges,
wie alle den Krieg auffassen,
hätte man sich kaum denken können.
Aber es gibt auch keine gerechtere Sache als die unsrige.«

(Ellen Ammann am 15. August 1914)

Für uns Heutige sind das befremdliche Worte – damals war solch eine patriotische Einstellung die Regel. Mit der Mobilmachung am 1. August 1914 befindet sich Deutschland im Krieg. Nahezu die gesamte Nation begrüßt das euphorisch, die Menschen stehen fahnenschwenkend an den Bahnsteigen, als kurz darauf die ersten jungen Männer ins Feld ziehen. Diese patriotische Haltung behalten viele Bürger auch während der gesamten vier Kriegsjahre, selbst wenn die Zahl der kriegsmüden Menschen mit der wachsenden Hungersnot zunimmt.

Die vaterländischen Gefühle der Ellen Ammann – sie fühlt sich schon lange voll und ganz als Bayerin – findet man auch in anderen Äußerungen: An die Freundin Lydia schreibt sie im ersten Kriegswinter: »Du ahnst nicht, was für eine schöne, herrliche Zeit es trotz allem ist. Diese Ruhe, dieser Wille zum Sieg, diese Rückkehr zu Gott.« Laut Godin habe Ellen Ammann zu der Pazifistin Lida Gustava Heymann gesagt, vier ihrer Söhne müssten ins Feld. »Ich aber wünschte, fügte sie bei, daß ich zwanzig Söhne in diesen Kampf für Deutschland ziehen lassen könnte.« Ellen klagt nicht über die Sorge um ihre Männer, sondern gibt sich dem »Fiat!« hin: »Immer ist mein Gebet um sie; was also könnte ihnen widerfahren, das nicht zu ihrem Besten wäre!«

Woher kommt nun dieser Patriotismus für die »zweite« Heimat? Bayern ist 1919 schon lange die wahre Heimat Ellen Ammanns. Dass sie vehement patriotisch empfinden kann, war schon in ihren Äußerungen zu spüren, die sie über Deutschland, Frankreich und Schweden machte, als sie auf der

Surenburg lebte (s. Kap. 1). Schweden, die »alte« Heimat, bleibt im Ersten Weltkrieg mehr oder weniger neutral. Kriegserfahrung hat das Land nicht. Und: Was Ellen Ammann macht, das macht sie ganz. Dazu gehört auch die Vaterlandsliebe.

DIE AMMANNS IM FELD

Die drei großen Söhne haben sich freiwillig gemeldet. Vater Ottmar ist Stabsarzt im Reservelazarett, ab 1918 im Saargebiet eingesetzt. Albert ist Subdiakon und dient als Sanitäter. Rolf zieht am 16. September 1914 ins Feld und ist aktiv bis November 1918. Hugo wird am 23. Oktober 1914 nach Flandern geschickt. »Halte Dein Gewissen in Ordnung!«, ermahnt ihn die Mutter. »Opfere alle Mühen, Hunger etc. auf als Buße für Dich und andere, dann geht Ihr direkt in die ewige Herrlichkeit ein, wenn der Tod Euch ereilt. Aber das steht in Gottes Hand [...] Es umarmt Dich innig, lieber ›Bayerischer Löw‹, Deine Mutter.« Ottmar sieht das Ganze nüchterner und erinnert seinen Sohn daran, dass das »Sterben nicht die Hauptsache sei.«

So abgeklärt das klingt – die Eltern sorgen sich natürlich trotzdem. Hugo kehrt erst am 23. Dezember 1918 heim. Beide Söhne werden mit dem Eisernen Kreuz ausgezeichnet.

Der 17-jährige Erik, der zweitjüngste Sohn der Ammanns, »ist beglückend glücklich als Fahnenjunker. Gott sei Dank, daß es solche noch gibt!«, freut sich Ellen. Sie ist siegesgewiss. »Glaube ja nicht«, beruhigt sie ihre Mutter, »daß wir erschöpft sind oder daß wir einen zweifelhaften Frieden wollen! Kein Friede, der uns nicht Ruhe sichert auf Jahre hinaus! Ihr ahnt nicht, wieviel Truppen wir noch haben, und alle können sie feldgrau ausrücken in Stiefeln und bewaffnet.« Im Februar 1916 rückt dann auch Erik ein und wird im Juni 1917 schwer verwundet.

ÜBERZEUGTE PATRIOTIN

Ellen Ammann ist fest davon überzeugt, dass der Krieg einer gerechten Sache dient. Das gilt im Großen und Ganzen auch für die katholische wie die bürgerliche Frauenbewegung. Sie teilt die offizielle Meinung der KDFB-Zentrale in Köln: für die

Monarchie, für Nationalismus und für eine Fortsetzung des Kriegs bis zum Siegfrieden. Man müsse dem Krieg alle Kräfte unterordnen. An Lydia schreibt sie 1916, »daß wir solange kämpfen müssen, bis wir gesiegt haben, sonst gehen wir unter und dann wehe der europäischen Kultur«.

Die Friedensinitiative des Zentrumspolitiker Mathias Erzberger im Juli 1917 (für einen ›Verständigungsfrieden‹, ohne Sieger und Besiegte) verurteilt Ellen in einem Brief an Ameley Sepp im Januar 1918 scharf: »Wenn uns nur der Erzberger nicht alles verdirbt mit unserem Frieden!« Sie hofft noch auf einen Siegfrieden, auch im Juni: »Sie [die Entente] werden sich die Köpfe einrennen an unserer festen Mauer. Es gehört viel Starkmut dazu, dies auszuhalten. Hoffentlich haben wir alle diese Pfingstgabe bekommen.«

Ellen Ammann verwendet in ihren Texten die verbreiteten Feindbilder. Sie kann den Gedanken, »daß die weiße Rasse die Herrschaft in der Welt verscherzt und daß Deutschland es nicht verhindern kann [...]«, kaum ertragen. Die seltenen Briefe schließen ab und zu – durchaus üblich – mit dem Grußwort »Gott strafe England!«

ARBEIT IN DER KRIEGSFÜRSORGE

Obwohl innerhalb der deutschen Grenzen keine Kampfhandlungen stattfinden, wirkt sich der Krieg sehr schnell auf den Alltag aus. Kein Soldat kehrt, wie erwartet, an Weihnachten zurück. Im Gegenteil, immer mehr Männer werden eingezogen, immer mehr Frauen müssen ihre Familien irgendwie versorgen – und die Kriegswirtschaft am Laufen halten. Die Frauen werden umgehend an der »Heimatfront« mobilisiert. Jede(r) soll leisten, was möglich ist. Frauen dürfen jetzt bzw. müssen sie in die Männerberufe einrücken, in die Munitionsfabriken, in den Postdienst, als Trambahnschaffnerin. Sie sollen sich als Pflegekräfte zur Verfügung zu stellen, für die Soldaten nähen, stricken oder Verbände wickeln. Luise Kiesselbach vom »Verein für Fraueninteressen« bittet, man möge für die Allgemeinheit im Garten Gemüse anbauen oder auf Dienstboten verzichten, damit diese in der Industrie tätig

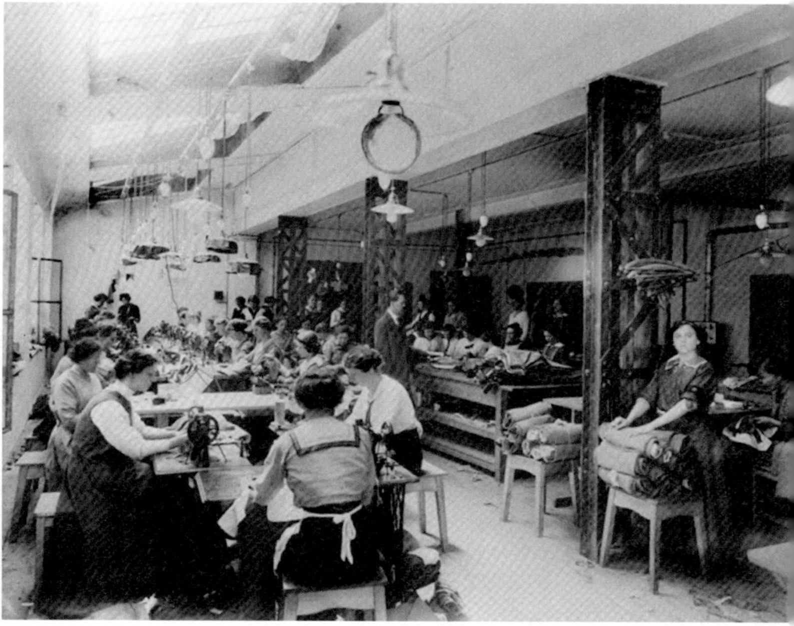

Im Ersten Weltkrieg arbeiten auch die Frauen in der Industrie, hier in einer Uniformnäherei.

werden können. Auch Ellen richtet in der Theresienstraße eine Nähstube mit 50 Maschinen ein, sorgt für eine anständige Bezahlung der Frauen.

Die Ernährungssituation im Land wird spätestens 1916 zum Problem, die Frauen sind täglich stundenlang mit Anstehen beschäftigt. Runkelrüben (»Dotschn« sagt man in Bayern) und Kartoffeln sind Hauptnahrungsmittel. Im Juni gibt es erste Hungerdemonstrationen. Kalte Winter, Missernten und Epidemien wie die Spanische Grippe kommen dazu.

Gleich im August 1914 richtet die Stadt 30 Wohlfahrtsbezirke für die Kriegsarbeit im sogenannten »Heimatheer« ein. Der KDFB schließt sich dem »Nationalen Frauendienst« an. Ellen Ammann und Luise Kiesselbach leiten im Auftrag des Kriegsministeriums den städtischen Hauptwohlfahrtsausschuss. Er soll die Fürsorge für die Angehörigen von

Kriegsteilnehmern in Zusammenarbeit mit karitativen Vereinen und Einrichtungen organisieren. Das bedeutet viele ermüdende Sitzungen in den Behörden.

Zusätzlich leitet Ellen bis 1915 den Wohlfahrtsbezirk Türkenstraße, »[...] mit drei Herren und fünf Damen«, schreibt sie der Mutter. »Es ist eine furchtbare Arbeit, psychologisch äußerst interessant; die Sitzungen dreimal in der Woche [sind] angreifend, weil man viel Trauern, Not und Sorge sehen muß und nicht überall helfen kann.« Sie ist in zahlreichen weiteren sozialen Einrichtungen engagiert (Godin zählt 18 Organisationen auf) und bindet auch den Frauenbund in die Arbeit ein.

»AUSHARREN, DURCHHALTEN« – REDE 1916

Vom 6. bis 8. Januar 1916 tagt die Vollversammlung des KDFB in Berlin. Als besondere Ehre werden Räume im Reichstagsgebäude zur Verfügung gestellt, was die Frauen als Anerkennung ihrer Arbeit verstehen. Ellen Ammann erläutert im Eröffnungsvortrag den Anspruch, den »[d]ie Frau als Mitgestalterin am neuen Deutschland« hat. »Das Gefühl, dass die Frau [...] befähigt und bereit ist, alle ihre Kräfte [...] einzusetzen, um die Aufgabe am Vaterland zu erfüllen, ist das Leitmotiv der gesamten Tagung.« Sie spricht über die Arbeit der Frauen in der Kriegsfürsorge und die Bedeutung der Landfrauen für die Versorgung. »So wurde die Hoffnung Englands, uns auszuhungern, zuschanden.« Die Dankbarkeit der Städter werde hoffentlich dazu beitragen, »das Verständnis zwischen ländlichen und städtischen Kreisen zu verbreitern und zu vertiefen«. Ammann verschweigt nicht, dass »noch so manches Opfer von uns verlangt werden wird, und daß mit einem glücklichen Frieden erst recht die Arbeit und die Pflichten wieder beginnen«.

In einem Resümee des bisherigen Kriegsverlaufs äußert sie sich befriedigt darüber, dass der Kriegsschauplatz »ins Feindesland versetzt worden ist«, dass nicht, »was die gesamte Völkerschau unserer Feinde noch bietet, den deutschen Boden betreten [...]« habe. Ammann rügt auch die Wirtschaftsblockade durch England und fürchtet, dass Deutschland dadurch seinen erarbeiteten Wohlstand – der im Übrigen zu einem guten Teil auf den Reparationszahlungen basiert, die das 1870/71 unterlegene Frankreich leisten musste – verlieren könnte. Es sei dringend geboten, auf einen deutschen Sieg hinzuarbeiten. »Und darum wieder heißt es ausharren, durchhalten, alles tun, was in unseren Kräften liegt, um die Verhältnisse im Reich so zu gestalten, daß unsere Streiter an der Front mit ruhigem Gemüte in den Kampf ziehen können und gestärkt werden [...]« Dazu könne und wolle die katholische Frau auch beitragen.

AKTIONEN DES FRAUENBUNDS

Kriegsarbeit hat jetzt Vorrang vor anderen Aufgaben. Die Bahnhofsmission hilft den heimkehrenden Auslandsdeutschen (jetzt auch Männern). Die Frauen werden mit Vorträgen und Kursen über alles (Über)Lebenswichtige informiert. Das reicht von Wochenküchenzetteln über Kriegsrezepte bis hin zu Lebensmittellieferungen vom Land. Auch in der Theresienstraße gibt es eine Sammelstelle für Kartoffeln und Kraut. Hier, im leerstehenden Parterre, können Angehörige der Soldaten Näharbeiten ausführen. Der Frauenbund bearbeitet zum Beispiel 1914 den königlichen Weihnachtsauftrag für die »Liebesgaben« an die Soldaten. »Im November hatten wir den ganzen Auftrag [...] in drei Wochen zu machen«, berichtet Ellen ihrer Schwester im Dezember, »2000 Hemden, 2000 Unterhosen, 2000 Paar Socken, 2000 Paar Handschuhe, 2000 Leibbinden, 2000 Halstücher, 2000 Ohrenschützer [...] Es war eine furchtbare Arbeit, den Stoff zu kaufen und zwar billig. Ich habe mit Juden und Christen gefeilscht, und die Heimarbeiterinnen zusammen mit Maria Hopmann gedrillt. Es war eine gräßliche Sache, doch gegangen ist es. Wir waren aber kaputt.« Ellen Ammann und der Frauenbund achten peinlich darauf, dass diese Arbeit den Frauen einigermaßen anständig bezahlt wird. Mit den Liebesgaben habe sie viele tausend Mark den Heimarbeiterinnen zugeführt, teilt sie ihrer Schwester mit.

Geld für den Mitgliedsbeitrag hat nicht jede, deshalb wird er, wie erwähnt, auf Naturalien, zum Beispiel ein Ei, umgestellt. Es sollen keine Frauen aus finanzieller Not verloren gehen.

Trotzdem finden auch schöne Aktionen statt: Im März 1915 gibt es eine Kriegswallfahrt nach Altötting mit 3000 Frauen und 1916 die Bundeswallfahrt nach Kloster Andechs.

Revolution in Bayern

Am 11. November 1918 tritt der Waffenstillstand in Kraft, der Krieg ist zu Ende. Schon vorher, in der Nacht des 7. November, ruft Kurt Eisner in München den Freistaat Bayern aus. Die adeligen Herrscher müssen abdanken, eine Räteregierung und der Provisorische Nationalrat werden in München eingesetzt. Eisner verkündet das allgemeine und freie, aktive und passive Wahlrecht. Unter anderem werden zudem der Acht-Stunden-Tag eingeführt und die geistliche Schulaufsicht aufgehoben. Im Januar 1919 sollen Wahlen zum Landtag stattfinden.

Kurt Eisner wird am Morgen auf dem Weg zur Eröffnung des Landtags am 21. Februar 1919 von dem antisemitischen Anton Graf von Arco auf Valley ermordet. Es folgen chaotische Wochen. Die Regierung weicht nach Bamberg aus, in München wechseln sich verschiedene Modelle einer Räterepublik ab, bis die Revolution Anfang Mai 1919 von Regierungstruppen und Freikorpsverbänden blutig niedergeschlagen wird.

AMMANNS RÜCKBLICK AUF DIE REVOLUTIONSMONATE

Auffallend ist, dass Ellen Ammann sich während der Revolution mit öffentlichen politischen Äußerungen sehr zurückhält, auch als sie selber Politikerin ist.

Im März 1919 schreibt sie im »Bayerischen Frauenland« ein paar Zeilen über den »Bayerischen Landtag«. Von Ministerpräsident Kurt Eisner hält sie nichts. Nur gegenüber Godin bezeichnet sie sein Agieren als »verschwommene Verstiegenheit

Wahlplakat der Bayerischen Volkspartei, 1928

dieses Schwätzers«, die man loswerden müsse. Der Mord an ihm und die darauffolgenden Geschehnisse im Landtag (s. Kap. 10) sind in ihren Augen aber »[f]luchwürdige Verbrechen«.

Godin zitiert auch ihre Sorgen um die Zukunft: »Welche Torheit, dieses Verbrechen wird [Gegner und Befürworter der Räte] wieder zusammenführen zu neuer Einigkeit, was eben auseinanderzubrechen versprach. Nun werden wir die tollsten Dinge erleben; angesichts der Erregung der Massen über das Attentat werden wir überdies verurteilt sein, sie zunächst tatenlos mit anzusehen.« Ellen Ammann irrt sich in Bezug auf die Einigkeit, aber sie irrt sich nicht, was die »tollen Dinge« betrifft, die in den folgenden Monaten geschehen werden.

In einem Artikel im April schildert Ammann recht nüchtern die Phase nach den Wahlen. Natürlich kann sie, die im Grunde Monarchistin ist, die Räteregierungen nicht gutheißen. Vehement verteidigt sie die Einberufung des Landtags

Die »Bayerische Volkspartei«
Mitte November 1918 gründen führende Mitglieder der bayerischen Zentrumspartei in Regensburg die »Bayerische Volkspartei« (BVP). Die Partei ist konservativer als das »Zentrum« und kämpft für die Eigenständigkeit Bayerns. Bei jeder der fünf Landtagswahlen bis 1933 erringt sie die Stimmenmehrheit und regierte seit März 1920. 1933 wird sie – wie alle Parteien – aufgelöst und 1945 nicht wieder gegründet.

am 21. Februar als einzige Möglichkeit, die Rechte Bayerns im Reich vertreten zu können. Sie endet mit einem Aufruf an die Leserinnen, der BVP zu folgen – »so könnten wir, nachdem die Fieberschauer der Revolution vorüber sind, einen vorbildlichen demokratischen Staat im wirklichen Sinne des Wortes schaffen. Dazu gehört aber Einigkeit und Vertrauen! Wird dies nicht aufgebracht, so ist ›finis Bavariae‹ da. [...] Nur die Bayerische Volkspartei, welche [...] das ganze bayerische Volk, auch die christlichen Proletarier, vertritt, ist imstande, [...] alles zu tun, was notwendig ist, um das Fortbestehen Bayerns als selbständiger Bundesstaat zu ermöglichen.«

9 Die Diakonin – ab 1914

»Ich wünschte, Gott gäbe mir ein zweites Leben, um diesen Beruf zu leben.«

(Ellen Ammann, 1911)

DER »DRITTE ORDEN« IN MÜNCHEN

Ellen Ammann spricht oft vom »dritten Beruf«, der neben dem Beruf als Frau und Klosterfrau stehe, von der Berufung, dem »Dritten Orden«, dem caritativen Frauenberuf neben dem der Gattin und der Sozialarbeiterin. Mitglieder des »Dritten Ordens« haben den Anspruch an sich, ein geistiges Leben in der Welt zu leben, ohne an ein klösterliches Leben gebunden zu sein, sie streben ein »gottgeweihtes Leben mitten in der Welt« an.

Kloster St. Anton

Seit 1847 haben die Kapuziner im Kloster St. Anton in der Münchner Kapuzinerstraße ihren Sitz. Die Schmerzhafte Kapelle wurde schon 1705 geweiht, um sie herum wächst das Kloster, die Kapelle dient bis 1895 als Klosterkirche. Hier entwickelt sich 1853 eine Laien-Jüngerschaft, der »Dritte Orden«, dem um 1892 die Mädchenschützerinnen Marie von Hohenhausen, ihre Schwester Caroline und eventuell auch Luise Fogt beitreten. Aus der Gemeinde der Kapuziner heraus entwickeln sich ab 1902 die Schwesternschaft und das Krankenhaus des Dritten Ordens in Nymphenburg.

Die Drittordensgemeinde ist der Spiritualität des hl. Franziskus verpflichtet. Einfachheit, Demut und Liebe sind die Grundtugenden, die auch für Ellen Ammann besonders wichtig sind. Sie fühlt sich deshalb angesprochen. Ellen erhält durch die Damen des Mädchenschutzes Zugang zum Drittorden und damit zu Pater Cölestin Schwaighofer (s. Kap. 2), der 1893 von Eichstätt nach München kommt. Er übt einen

Die Schmerzhafte Kapelle der Kapuziner in der Münchner Dreimühlen-/ Ecke Kapuzinerstraße. Hinter der Mauer befindet sich der kleine Friedhof des Klosters.

starken Einfluss auf die Gruppe und als Beichtvater auch auf Ellen Ammann aus. Sicher denkt sie an ihren alten Jugendwunsch, einer solchen Gemeinschaft beizutreten. Irgendwann zwischen 1897 und 1901 schreibt sie in einer Karte an Marie von Hohenhausen, wie schön es wäre, eine Vereinigung zu haben, in der man täglich zwei bis drei Fürbitten und Danksagungen festhalten könne.

»FORDERUNGEN DER ZEIT AN DIE KATHOLISCHEN FRAUEN«

1905 hält Michael Faulhaber, damals noch Theologieprofessor in Straßburg, einen Vortrag über »Das Diakonat der Frau«. In diesem liegt wohl der Grundstock für die Idee eines Frauendiakonats. Am 31. Januar 1911 spricht er in München – jetzt als Erzbischof – über »Zeit- und Zukunftsaufgaben der katholischen Frauenwelt«. Der Vortrag ist nicht überliefert, aber er beeindruckt Ellen Ammann so sehr, dass sie Teile davon 1911 in ihren o. g. Artikel übernimmt. Hier stellt sie den erwähnten »dritten Beruf« dar: »Zur Teilnahme an der neugestalteten Arbeit im caritativen, sozialen und wissenschaftlichen Leben ist zwar jede katholische Frau verpflichtet, nach Maßgabe ihrer Verhältnisse; aber vor allem bedarf die Welt einer ›heiligen Schar‹ von Frauen und Jungfrauen, welche diese christliche Wohltätigkeit als Beruf ausüben und so die Kerngruppe bilden auf diesem Arbeitsfeld.«

Die christliche Wohltätigkeit ist der »dritte Beruf«. Die social-caritative Frauenschulung bzw. Frauenschule sorgt für die Grundlage. Zielgruppe sind in diesem speziellen Fall nicht Frauen, die für den Erwerbsberuf in der Wohlfahrt oder für den Familienberuf vorbereitet werden, sondern Frauen, die eine Tätigkeit in einer Gemeinschaft im Dienste der Caritas, der christlichen Nächstenliebe, ausüben wollen. Frauen, die auf die Ehe verzichten, um sich der Caritas zu widmen, und dafür im »dritten Beruf in der Welt« leben wollen. Diese neue Rolle möchte Ellen Ammann »mit dem Siegel einer echten Berufung« ausstatten. Es genüge nicht, sich gelegentlich als Katholikin zu betätigen. »Es muß auch solche geben, die sich dafür völlig freimachen in selbstloser Absicht und so die ›Kerntruppe‹ aller Frauen bilden.« Berufene sollen die innere Notwendigkeit spüren, ihren Beruf als von Gott gegeben zu sehen und nach den christlichen Wertevorstellungen auszuüben.

Mit einem Artikel über »Soziale Pflichten der katholischen Frau« verstärkt Ellen Ammann 1913 ihr Anliegen. Aufgrund der gesellschaftlichen Veränderungen entstünden für die Frauen neue Pflichten. »Öffentliche und private Charitas [sic], soziale Arbeit rufen nach der Frau.« Für die caritative Arbeit, das »Gebiet der christlichen Frau«, solle sie eine bessere Ausbildung erfahren. »Eine ›heilige Schar‹ von Jungfrauen und Frauen müssen wir Katholiken auf allen diesen Gebieten stellen, eine Schar, ebenso unerschrocken wie diejenige der Martyrerinnen. Das Christentum ist bedroht [...] und darum müssen wir unsere besten Kräfte diesen Berufen zuführen.« Und das sollen eben nicht Klosterschwestern sein.

DIE HEIMLICHE »HEILIGE SCHAR«

Ottmar Ammann ist wie seine Frau ein gläubiger, religiöser Mensch, laut Neboisa »ein gediegener Christ«, aber ›anders‹ als Ellen. Sohn Franz sagte dazu: »Vater hat sicher unter dieser eigenen Religiosität [seiner Frau] sehr gelitten, aber er hat sich nie darüber beklagt.« Als Ellen aber der Drittordensgemeinschaft beitreten möchte, erlaubt er ihr das nicht.

Als ihn 1914 der Sanitätsdienst beschäftigt, nutzt Ellen seine Abwesenheit und schließt sich im Oktober dem »Dritten Orden« an, ohne das mit ihm zu besprechen. Tochter Maria Ammann begründet im Nachhinein diese Heimlichkeit damit, dass die Berufung Ellens eine Sendung Gottes gewesen sei, der sie hätte gehorchen müsse.

Ottmar bekommt von dem Eintritt erst 18 Jahre später Kenntnis, als er seine Frau im Ordensornat im Sarg liegen sieht. In einem Interview erfuhr Neboisa, die ganze Familie, bis auf Maria, sei ahnungslos und sehr aufgebracht gewesen.

Am 4. Oktober 1914 treten Ellen Ammann, Maria Hopmann und die Lehrerin Maria Fitz das Noviziat in der Drittordensgemeinschaft an. Geistlicher Führer ist Cölestin Schwaighofer. Mit ihm erleben sie im Kapuzinerkloster in Kempten einen Exerzitientag. Am 1. März 1916 geloben die drei, im Geist der Drittordensregeln leben zu wollen, im Ideal der Reinheit, des Gehorsams und der Armut. In wöchentlichen Treffen in kleiner Runde (»Hora nostra« nennen die Frauen sie) werden Exerzitien gehalten, die Regeln erarbeitet. Als Gemeinschaftsregel legt der Pater fest: »Nichts Außergewöhnliches, aber das Gewöhnliche außergewöhnlich gut und endlich beharrlich.« Im Lauf der Zeit stoßen weitere Frauen dazu. Die Gruppe ist diskret, bleibt unter sich, trifft sich für die Horen im Büro des Frauenbunds oder »zum Tee«. Unter Pater Cölestin durchläuft die Gruppe eine strenge Schule.

»VEREINIGUNG KATHOLISCHER DIAKONINNEN«

Michael von Faulhaber weilt 1917 in München. Ellen Ammann nimmt Kontakt zu ihm auf. Sie und die Frauen ihrer Gemeinschaft wünschen sich, zu Diakoninnen geweiht zu werden;

Michael von Faulhaber
Michael Faulhaber kommt am 5. März 1869 als Sohn einer Bäckersfamilie in Unterfranken zur Welt. Nach dem Wehrdienst tritt er 1889 ins Priesterseminar ein. 1899 habilitiert er sich und ist ab 1903 Ordinarius in Straßburg. 1910 wird er zum Bischof von Speyer berufen. 1913 erfolgt die Erhebung in den persönlichen Adelsstand. 1914 wird er stellvertretender Militärbischof. 1917 folgt die Ernennung zum Erzbischof von München und Freising, 1921 wird er Kardinal. Michael von Faulhaber stirbt am 12. Juni 1972.

das kann er ihnen nicht gewähren. Sie müssten sich damit zufriedengeben, dass schon die Firmung als »kleine Priesterweihe für Laien« fungiere.

An Ostern 1918 schließt sich die Gruppe zu einer religiösen Gemeinschaft zusammen, unter Faulhabers Leitung. Am 10. Oktober 1919 legen die Frauen in seiner Hauskapelle ihr Gelübde ab. Er gibt der Gemeinschaft den Namen »Vereinigung Katholischer Diakoninnen« (VD) und weiht für jede Frau eine Kerze, einen Ring und eine Medaille. Ellen Ammann nennt sich »Birgitta« nach der schwedischen Nationalheiligen. Faulhaber ermahnt die Frauen: »Jedes Mitglied sollte sich klar sein: Ich gehe nicht ins Kloster, sondern ich will ein ernstes Leben der Vollkommenheit in der Welt führen und mich durch Statuten dazu verpflichten.« Er führt sechsmal ein geistliches Gespräch mit den Frauen, dann übernimmt Pater Cölestin wieder. Am 29. August 1921 erhält die Gruppe mit 15 Mitgliedern die Genehmigung als Gemeinschaft.

OBERIN SCHWESTER BIRGITTA

Ellen Ammann wird zur Oberin der kleinen Gruppe gewählt. Ihre Stellvertreterin ist Maria Hopmann (S. Elisabeth), die von 1925 bis 1927 – »unglücklich« – als Oberin fungiert, dann übernimmt Schwester Birgitta wieder.

Im Nachlass Ellen Ammanns liegt ein Heftchen, liebevoll geschnürt aus hektografierten Seiten, das sie 1921 vermutlich für ihre Mitschwestern zusammengestellt hat. Es enthält Anregungen, Lesetipps, Fastengedanken.

Nach Ammanns Tod schreibt Pater Cölestin: »Ich danke Dir, o Gott, daß Du trotz meiner Unwürdigkeit mir [...] diese Seele zugeführt und mir gestattet hast, sie zu beraten als junge Frau, als Neu-Münchnerin, auf so vielen freudigen und schweren Stationen ihres Erdenlebens [...]« Er verspricht den Mitschwestern, am Grab zu ihr zu sprechen, und hat dafür, als ihr Testament aus dem Jenseits, ein paar Bitten und Ermahnungen an sie formuliert.

Ancillae Sanctae Ecclesiae

Im Jahr 1952 wird die Gemeinschaft von der Religiosenkongregation in Rom als Säkularinstitut anerkannt. Sie erhält den Namen »Ancillae Sanctae Ecclesiae« – Dienerinnen der Heiligen Kirche. Das Säkularinstitut erwirbt auf Anraten Michael von Faulhabers ein Haus in der Münchner Clemensstraße, in dem sich seine etwa 35 Mitglieder heute noch regelmäßig treffen. Sie verstehen sich als »Diakoninnen des Alltags, als Frauen der Kirche im Dienst an der Welt«.

10 Die Politikerin 1919–1932

»Gemäß § 39 der Wahlordnung für den neuen bayerischen Landtag [...] beehre ich mich, Euer Hochwohlgeboren zu verständigen, daß Sie bei der am 12. Januar erfolgten Wahl [...] zum Abgeordneten gewählt worden sind [...]«

(Mitteilung des Präsidenten des Verwaltungsgerichtshofes an Ellen Ammann zu ihrem Wahlerfolg)

DIE WEIMARER REPUBLIK

Wie aus der Formulierung im Informationsschreiben an Ellen Ammann nach ihrer erfolgreichen Wahl deutlich wird, mussten sich die ›Verwaltungsmenschen‹ 1919 erst an Abgeordnete weiblichen Geschlechts gewöhnen.

Es ist eine schwierige Zeit für das Debüt der Frauen in deutschen Parlamenten – und nicht nur für sie: In 14 Jahren, von 1919 bis 1933, geben sich im Deutschen Reich 14 Kanzler die Klinke des Reichstags in die Hand. Heute noch ist ›Weimar‹ ein Synonym für die zahlreichen kleinen Parteien in den Parlamenten und der Grund für die Fünfprozenthürde im Bundeswahlgesetz.

Die Folgen des Versailler Vertrages, Kämpfe zwischen ›links‹ und ›rechts‹, rechte Putschversuche und politische Morde sowie linke Aufstände prägen die Politik dieser Zeit. Wohnungsnot, schlechte Lebensmittelversorgung, Tuberkulose oder Epidemien wie die Spanische Grippe sowie Arbeitslosigkeit bestimmen den Alltag der Bürger. Die Währungsreform 1923 sorgt für eine relative wirtschaftliche Stabilisierung nur bis 1929.

Wenn auch das Schlagwort der »Goldenen Zwanziger« für die Phase zwischen 1923 und 1929 eher auf Berlin als auf München passt, keimt auch hier die Hoffnung auf bessere Zeiten. Die Menschen wollen das Leben genießen, die Kultur erlebt eine Blütezeit (die vielen allerdings nicht gefällt, Stichwort: Massenkultur) und die Gesellschaft wird freizügiger. Man

Frauenwahlrecht
Die Novemberrevolution 1918 hebt alle bis dahin geltenden Wahlgesetze im gesamten Deutschen Reich auf. In der Nacht auf den 8. November verkündet Kurt Eisner für Bayern das allgemeine freie aktive und passive Wahlrecht. Im Reich geschieht das am 12. November. Wahltermine für die ersten demokratischen Parlamente sind der 12. Januar in Bayern und der 19. Januar für die Verfassunggebende Versammlung in Weimar. Die Wahlbeteiligung in Bayern ist bei beiden Wahlen mit 86 Prozent überwältigend. Genauso hoch liegt der Anteil bei den Wählerinnen – doch diese wählen mehrheitlich Männer. Noch ist die Zeit für die Frauen nicht reif ...

verbringt seine Freizeit in den populär werdenden Lichtspieltheatern, den Kabaretts, Tanz- und Jazzlokalen, bei Sportveranstaltungen. Die Mode wird lockerer, Rocksäume rutschen nach oben, die Haare trägt die trendbewusste Dame jetzt kurz und frech. Alternative Lebensformen finden immer mehr Anhänger. Frauen dringen zunehmend in Berufe vor, die ihnen bisher versagt waren.

Die Weltwirtschaftskrise 1929 macht dem ein Ende, zerstört Vermögen und Existenzen. Spätestens jetzt nehmen die sozialen Spannungen wieder zu. Rassismus und Antisemitismus machen sich in der deutschen Gesellschaft breit. Bayern wird schon ab 1920 unter Ministerpräsident Gustav von Kahr zur »Ordnungszelle«, in der rechte Umtriebe selten geahndet werden. Wahlerfolge für die NSDAP 1924 (17,1 Prozent) und 1932 (32,5 Prozent) beunruhigen die anderen Parteien.

DIE FRAUEN MACHEN WAHLKAMPF

Kaum ist das veränderte Wahlrecht Realität geworden, bemühen sich die Parteien um die Frauen und veranstalten Schulungen. Auch der KDFB Bayern wird sofort aktiv, startet eine intensive Publicity- und Schulungsarbeit. 72 neue Zweigvereine mit etwa 10.000 neuen Mitgliedern werden bis Januar

Am 12. Januar 1919 dürfen sich erstmals auch Frauen an Parlamentswahlen in Deutschland beteiligen.

gegründet. In einem Vorausblatt des zukünftigen Organs »Das Bayerische Frauenland« im Dezember 1918 beginnt der Kampf um die Frauenstimmen.

In der ersten Nummer 1919 werden die BVP-Kandidatinnen kurz vorgestellt. Über Ellen Ammann heißt es: »Es gereicht uns als Mitglieder des K.F.B. zur großen Genugtuung, daß sie Mitglied des Landtags sein soll, nicht nur weil sie unsere 1. Vorsitzende ist, sondern weil wir von ihr, die ja mit so viel Erfolg ihre ganze Kraft in den Dienst der katholischen Frauenbewegung gestellt hat, eine wirksame Vertretung unserer Frauenforderungen erwarten können.« Der Artikel schließt: »Noch ist es eine kleine Zahl von Frauen, denen die schwere, verantwortungsvolle Pflicht der Volksvertretung übertragen wurde, aber gerade diese Kandidatinnen besitzen, entsprechend ihrem Lebensberuf, reiche Erfahrung, die sie im Dienste der Frauenwelt und des Volkes verwerten wollen; sie besitzen aber auch unser ganzes Vertrauen und wünschen wir ihnen von Herzen, daß ihr Wirken als Abgeordnete recht segensreich sein werde.«

Die Redakteurin Marie Zettler schildert im Januarheft 1920 die Schulungsarbeit des Bunds, und rückblickend schreibt sie 1929 in der KDFB-Jubiläumsschrift: »Was in jenen Tagen an Vorträgen und staatsbürgerlicher Orientierung geleistet wurde und nur durch die ziemlich ausgebaute Organisation möglich war, könnte eine kleine Kartothek erzählen, in der bei den Namen der zur Verfügung stehenden Rednerinnen die Orte und Daten notiert wurden, wo und wann sie zu sprechen hätten. Wer anders hätte in diesen schwierigen Tagen auch die Führung übernehmen können, als der Katholische Frauenbund! Bei ihm meldeten sich auch sofort weibliche Rednerkräfte aus allen Schichten.«

Ellen und Ottmar Ammann treten der BVP bei, die ganze Familie zieht in den Wahlkampf, Ottmar, Rolf, Hugo und Ellen halten Wahlreden. Die Wahlergebnisse beweisen den Erfolg der intensiven Arbeit: Von fünf Kandidatinnen der BVP (alle im KDFB) werden vier gewählt.

Im Dezember 1919 (die nächsten Wahlen finden im Juni 1920 statt) nehmen unzählige Frauen aus nah und fern an einem politischen Fortbildungskurs des Landesverbands teil. Einige weibliche Abgeordnete des Land- und Reichstags halten Reden, darunter auch Ellen Ammann.

Zunächst wird im November 1918 in Bayern ein vorläufiges Parlament eingerichtet, der Provisorische Nationalrat. Ihm gehören bis Mai 1919 acht Frauen an. Bei den Landtagswahlen erreichen die BVP 35, die SPD 33, DVP/DDP 14 Prozent, alle anderen Parteien liegen unter 10 Prozent. Nur acht Frauen schaffen den Sprung ins Parlament, das sind 4,4 Prozent der 180 Abgeordneten!

»Das war ein erfreulicher Anfang«, schreibt Ellen Ammann rückblickend 1929. Aber enttäuscht ist sie doch, sogar noch im Nachhinein, denn es sei den Frauen nicht gelungen, »genügend Vertreterinnen in die Organisationen der Parteien und in die politischen Körperschaften hineinzubringen«.

Die weiblichen Abgeordneten 1919
Ellen Ammann (1870–1932), BVP
Aurelia Deffner (1881–1959), Arbeiterin, SPD
Aloisia Eberle (1889–unbekannt), Weberin, BVP
Maria von Gebsattel (1885–1958), Lehrerin, BVP
Käthe Günther (1873–1933), Lehrerin, Deutsche Demokratische Partei (DDP)
Dr. Rosa Kempf (1874–1948), Sozialpolitikerin, DDP
Emilie Mauerer (1863–1924), Schneiderin, SPD
Therese Schmitt (1877–1948), Hausfrau, BVP

1919: DAS PARLAMENT IM ›EXIL‹

Am 21. Februar 1919 tritt der Landtag erstmals zusammen. Kurt Eisner möchte seinen Rücktritt bekanntgeben, wird jedoch auf dem Weg ermordet. Im Landtag kommt es daraufhin zu Tumulten und einer Schießerei mit mehreren Opfern, auch der Innenminister Erhard Auer (SPD) wird schwer verletzt. »Mutter [...] erlebte [...] den Mordanschlag auf Auer im Landtag. Es war eine fürchterliche Aufregung, bis wir sie glücklich zuhause hatten«, erinnert sich Ottmar. Als eine »verabscheuungswürdige Tat« bezeichnet Ellen Ammann den Mord. Das folgende revolutionäre Geschehen vor allem in München verurteilt sie in einem Artikel im »Bayerischen Frauenland« scharf, bezeichnet es als »Gewaltherrschaft und Terrorismus«.

Der Landtag ist handlungsunfähig. Am 17. März wird Johannes Hoffmann (SPD) zum Ministerpräsidenten gewählt. Er verlegt im April das Kabinett nach Bamberg, wo es bis Mitte August tagt. Ab Juni regiert eine Koalition aus SPD, BVP und DDP.

In Bamberg wird die Bayerische Verfassung erarbeitet und im August 1919 verkündet. Ellen Ammann, die im Verfassungsausschuss mitwirkte, ist mit dem Ergebnis bezüglich der Bestimmungen für die Kirche, also der Trennung von Staat und Kirche, nicht zufrieden. Dennoch akzeptiert sie die Beschlüsse und schreibt 1929 mit einigem – für sie untypischem – Stolz über ihre Rolle im Ausschuss, »daß die [...]

Elternrechte auf die Anregung einer Frau, und zwar auf meine Anregung, zurückgehen«. Ansonsten erfährt man von ihr kaum etwas über die parlamentarische Arbeit.

ELLEN AMMANN UND DIE TEILHABE DER FRAUEN

Ellen Ammann ist mit 49 Jahren eine der älteren Frauen im Parlament, bald die weitaus älteste. »Jetzt erst war sie – wie der Fisch im Wasser – in ihrem naturgemäßen Element«, schreibt Godin. Und Maria Hopmann findet: »Sie hatte politisches Fingerspitzengefühl.«

Fast 14 Jahre lang erfüllt sie ihre Aufgabe. Hin und wieder braucht sie einen Erholungsurlaub, und von Oktober 1931 bis April 1932 ist sie aufgrund wahlrechtlicher Bestimmungen vorübergehend nicht Mitglied des Landtags. Da die BVP ihren Kandidatinnen schon seit 1924 nur noch zwei Listenplätze zur Verfügung stellt, befürchtet Ammann laut Godin, dass das »die Frauen zur Gründung einer Frauenpartei veranlassen könnte [...]« Allerdings hält sie eine solche für »sinnwidrig«, weil »nach meiner Überzeugung Gott will, daß die Frau den von Ihm ihr zugedachten Platz als Gehilfin und gleichberechtigte Mitarbeiterin überall einnimmt [...]«

Als 1929 nur noch fünf Frauen im Landtag sind, hält sie noch immer eine Quote nicht für nötig, aber sie hält den Parteien vor, »es wäre wahrlich nicht zuviel verlangt gewesen, daß z. B. bei der Reichstagswahl in jedem Wahlkreis eine Frau an aussichtsreicher Stelle aufgestellt worden wäre«. Die Anwesenheit von etwa knapp 20 Prozent extremistischer (rechter und linker) Parlamentarierinnen und Parlamentarier veranlasst sie zu der Mahnung an die »[...] Parteien, die auf dem Boden der christlichen Weltanschauung stehen, [sie] sollten sich hier klar sein, daß sie alles Interesse daran haben, die Frauen für das politische Leben zu interessieren, denn bis jetzt sind immer die Frauen die treuesten Verfechterinnen des christlichen Prinzips [...]«

1932 hätte Ellen Ammann gerne geruht, schreibt sie an Lydia, doch: »Ich bin gebeten worden, nocheinmal zu kandidieren; man wird nicht irgendeinen neugewonnenen Kandidaten nehmen in diesen schweren Zeiten.« So kommt sie am 24. April 1932 wieder ins Parlament.

DIE REDEN DER ELLEN AMMANN

Ellen Ammann gehört mehreren Ausschüssen an – nicht nur solchen, die man gerne den Frauen aufgrund ihrer »natürlichen Bestimmung« verordnet, sondern auch dem Verfassungs- und dem Finanzausschuss, den Ausschüssen für Eingaben und Beschwerden (Petitionen) sowie für Wahlprüfungen. Die Ausschussarbeit findet neben der Parlamentsarbeit statt, drei- bis viermal die Woche, 4–6 Stunden pro Sitzung. Das bedeutet eine zusätzliche Belastung, aber auch ein Extra-Einkommen, das die Familie dringend benötigt.

Zwischen 1919 und 1932 hält Ellen Ammann zwölf große Reden. 22-mal kommt sie als Berichterstatterin zu Wort und reicht diverse Eingaben ein. Ihr Debüt hat sie am 21. Juni 1919 in Bamberg. Sie unterstützt in einem Beitrag das Gesuch mehrerer Stadtgemeinden, der Staat solle anstelle der Gemeinden den Schadenersatz für die Revolutionsschäden übernehmen.

Auf die Inhalte der Reden wird später (s. Kap. 12) noch einzugehen sein. Verfolgt man die Landtagsprotokolle, fällt auf, dass es während ihrer Referate kaum Zwischenrufe gibt. Ihre Aufsätze und Reden wirken nüchtern bis trocken, lesen sich mühsam, fast wie Seminararbeiten. Man merkt, dass Rhetorik nicht ihre Hauptbegabung ist. Bei komplizierteren Sachverhalten verfällt sie – das notierte Neboisa – in den schwedischen Satzbau. Sie gibt auch einmal selbst zu, dass sie mit der deutschen Sprache kämpfe, dass sie weder Schwedisch noch Deutsch richtig beherrsche.

Die politische Haltung der Ellen Ammann ist, je nach Sujet, unterschiedlich: fast immer konservativ, geprägt von ihren Glaubensgrundsätzen und den selbst gestellten sozialen Aufgaben. Hier kann sie auch fast radikal auftreten, pocht auf Verbesserungen im Gesundheitswesen, auf die Partizipation von Frauen, stellt die Nöte der Bevölkerung dar. In manchen Statements wiederum tendiert sie in Richtung Nationalismus.

Ellen Ammanns wichtigste Reden

5. Dezember 1919: Rede zur Situation der Angehörigen von Kriegsgefangenen
11. Mai 1920: Rede zu farbigen Besatzungstruppen am Rhein
23. Juni 1921: Rede zur Misshandlung deutscher Kriegsgefangener
21. Dezember 1921: Rede zum Antrag, Frauen zum Schöffinnen- und Geschworenenamt zuzulassen
31. Mai 1922: Rede über Gesundheitswesen und Wohlfahrt
13. März 1925: Rede zum Gesundheitswesen
7. Mai 1926: Rede zum Gesundheitswesen
9. Februar 1928: Rede über die soziale Lage
7. März 1929: Rede über Gesundheitswesen und Wohlfahrt
10. Juli 1930: Bericht und Rede über Fürsorge, Gesundheitswesen und Wohlfahrt
12. März 1931: Rede über Gesundheitswesen und Wohlfahrt
22. November 1932: Bericht und Rede über kinderreiche Familien

Bei den drängenden ›moralischen‹ Themen vertritt sie rigoros die Haltung ihrer Kirche, sie kann aber in Einzelfällen die Linderung von Not über Prinzipien stellen. Ein Beispiel: Am 1. August 1930 berät der Petitionsausschuss über den Antrag einer (schuldhaft) geschiedenen Frau, die einen Polizisten heiraten möchte, den Vater ihrer zwei Kinder. Ein Staatsdiener benötigt für eine Heiratserlaubnis ein Sittlichkeitszeugnis der Braut, das er in diesem Fall jedoch nicht vorlegen kann. Ellen Ammann plädiert dafür, die Heirat zu genehmigen. Hier geht ihr das Wohl einer Familie über katholische Prinzipien. Der Sozialdemokrat Franz Änderl würdigt im Plenum diesen Einsatz: »In diesem Fall ist ihr das menschliche Gefühl vor die kirchlichen Gesetze gegangen.« Der Antrag wird dennoch auf Eis gelegt.

ARBEITSSCHWERPUNKTE UND ERSTE ENTSCHEIDUNGEN

Am 6. Mai 1920 stimmt das Parlament über das Heiratsverbot für Lehrerinnen ab, den sogenannten »LEHRERINNENZÖLIBAT«, der gerade erst durch die revolutionäre Regierung abgeschafft worden ist. Ammann, Gebsattel und Schmitt stimmen wie die Mehrheit für dessen Beibehaltung (entgegen eines Erlasses der Weimarer Verfassung). Dieses Gesetz gilt in Bayern bis in die 1950er-Jahre.

Ebenfalls im Mai wird über einen Antrag von »Ammann und Genossen« verhandelt, Frauen zur Reichsschulkonferenz zuzulassen. Darüber berät der Ausschuss zwei Tage lang, und der Antrag wird angenommen.

Am 1. Juli 1920 beantragt Ellen Ammann bei der staatlichen Polizeiwehr Bayerns den Etat für einen hauptamtlichen POLIZEISEELSORGER sowie dessen Anstellung. Sie begründet den Antrag mit der starken Arbeitsbelastung der Polizisten, die wegen des Wochenenddiensts zudem nur alle vier bis sechs Wochen einen Gottesdienst besuchen könnten. Außerdem ist sie der Meinung, »[e]ine sittlich-religiöse Beeinflussung der Truppe erlange unter den vorherrschenden, zersetzenden Einflüssen große Bedeutung«. Der Ministerrat beschließt, die Seelsorge zum 1. Oktober einzurichten; Bayern ist damit Vorreiter.

1921 werden endlich, nachdem schon lange darüber diskutiert worden ist, Frauen zum Amt als SCHÖFFINNEN UND GESCHWORENE zugelassen (s. Kapitel 12). Daran hat Ellen Ammann nach einem ausführlichen, untypisch kämpferischen Redebeitrag durchaus ihren Anteil.

Der allgemeine GEBURTENRÜCKGANG, EMPFÄNGNISVERHÜTUNG und die Diskussion um den § 218 sind drängende Themen der Zeit, auch in Ellen Ammanns parlamentarischer Arbeit. Weitere Anlässe ihrer Referate sind VOLKSSEUCHEN, ALKOHOLISMUS, PROSTITUTION, ›SITTENLOSIGKEIT‹ und die SOZIALE FÜRSORGE in allen Bereichen sowie vieles andere mehr rund um die Wohlfahrt.

In den letzten Jahren liegt ihr Hauptinteresse bei den KINDERREICHEN FAMILIEN. Da kann sie, wie am 22. Februar 1923, auch emotional werden: »Ich freue mich, zu diesem Thema sprechen zu können, da ich als Mutter einer kinderreichen Familie die Schwierigkeiten aus Erfahrung kenne, die es da gibt, Arbeit und Brot zu finden. Als Großmutter einer kinderreichen Familie kenne ich alle Schwierigkeiten, die die erwachsenen Kinder haben, wenn sie eine Familie gründen, ich kenne alle Schwierigkeiten, die ein junger Haushalt hat, ganz besonders die große Schwierigkeit eine Wohnung zu finden. Und wie groß sind diese Schwierigkeiten erst in der Arbeiterfamilie und in einer Beamtenfamilie!«

ELLEN AMMANN UND DIE NATIONALSOZIALISTEN

Gegenüber dem Nationalsozialismus zieht Ammann eindeutige Grenzen und scheut auch keine Konfrontation. Das zeigt sie erstmals am 13. März 1920 beim Kapp-Putsch, einem gegen die Republik gerichteten Putschversuch in Berlin. Auch in München wird versucht, den Landeskommandanten Arnold von Möhl zur Ausrufung des Ausnahmezustands zu bewegen. Rolf Ammann hat davon erfahren und informiert die Eltern. Ottmar notiert: »Ellen und ich fahren in die Schwindschule morgens fünf Uhr und es gelingt uns, die Herren von der Beteiligung am Putsch abzubringen.« So weit, so gut – der Rechtsruck in Bayern wird dadurch aber nicht verhindert; Ministerpräsident Hoffmann (SPD) wird abgesetzt und durch den rechtsgerichteten Gustav von Kahr (BVP) ersetzt.

Im Februar 1923 kommt es bei einer Friedensveranstaltung zu Ausschreitungen durch SA-Leute. Mehrere Vertreterinnen von Münchner Frauenvereinen, darunter Ellen Ammann und die Friedensaktivistinnen Anita Augspurg, Constanze Hallgarten (1881–1969) und Lida Gustava Heymann, sprechen bei Innenminister Franz Xaver Schweyer (BVP) vor und fordern, dass die Reichsgesetze auch in Bayern durchgeführt würden. Heymann schreibt: »Wir Frauen nahmen den Herrn Innenminister ins Verhör; legten ihm geistige Daumenschrauben an, wiesen ihm klipp und klar nach, daß die Zustände in Bayern ungesetzlich seien und dass überall mit zweierlei Maß gemessen werde. [...] Wir forderten nicht weniger als die Ausweisung Hitlers aus Bayern, da er Ausländer, Österreicher, war und die deutsche Staatsangehörigkeit nicht besaß.«

Die Frauen bearbeiten den Minister eineinhalb Stunden lang. Doch Schweyer zuckt »die Achseln und schwieg. Wir verfehlten nicht, ihm zum Schluß zu erklären, daß die Zeit schon noch kommen werde, wo er sich an unsere Forderungen erinnern und bedauern würde, ihnen nicht gefolgt zu sein. [...] Wenige Jahre später wird er, der fromme Mann, sich wohl gesagt haben: ›Frauenstimme = Gottesstimme! Es wäre besser gewesen, ich wäre ihr damals gefolgt.‹«

Kurz danach rät Ellen Ammann Anita Augsburg und Lida Gustava Heymann, München zu verlassen, weil sie für eine nationalsozialistische »Nacht der langen Messer« auf der Liste derjenigen »stünden, die einen Kopf kürzer gemacht werden sollten, unsere Köpfe seien ihr zu schade dafür«, wie Heymann berichtet. Die beiden ziehen sich für eine Weile ins Isartal zurück.

HITLERS PUTSCHVERSUCH UND DIE FOLGENDEN LANDTAGSWAHLEN

Ungeniert, obwohl Minister Schweyer Hitler davor gewarnt hatte, unternehmen dieser, General Erich Ludendorff und andere im November einen Putschversuch in Bayern. Dass er scheitert, ist u. a. dem Eingreifen Ellen Ammanns zu verdanken. Amelie von Godin und die BVP-Abgeordnete Klara Barth hören ein verdächtiges Gespräch mit und informieren Ellen, die sofort die Parteiführer und die Minister, die nicht im Bürgerbräukeller festgehalten werden, in die Frauenschule ruft. Von dort aus kann der stellvertretende Ministerpräsident Franz Matt Telefonate führen, eine Deklaration verfassen und die Flucht nach Regensburg organisieren. Der Putschversuch wird am nächsten Morgen niedergeschlagen.

Ottmar Ammann hält in seinen Erinnerungen fest: »Das war Mutters Ehrentag. Sie kam sechsunddreißig Stunden nicht ins Bett. [Der Abgeordnete] Franckenstein sagte dann: ›Frau Ammann war der einzige Mann im Landtag.‹« Auch

Franz Matt stellt fest: »Die Kollegin Ammann hat damals mehr Mut bewiesen als manche Herren in Männerhosen.« Und Heymann notiert: »Dass dieses ganze, geradezu törichte Unterfangen nicht in einem furchtbaren Blutbad endete, sondern nach wenigen Stunden zusammenbrach, ist meines Erachtens auf die Initiative einer Frau, Ellen Ammann, [...] zurückzuführen, die vorausschauend instinktiv und nach sicheren Anzeichen erkannte, daß sich eine Katastrophe vorbereitete, und daraufhin ihre Maßnahmen traf.«

Lydia Wahlström kommentiert das in ihrer Autobiografie (1949) so: »Die Presse durfte dies natürlich nicht öffentlich erwähnen, das verbot der männliche Stolz!« Warum die Herren ausgerechnet in einer Frauenschule zusammenkamen, darüber hat wohl lange niemand nachgedacht. Seit 2015 würdigt das NS-Dokumentationszentrum Ellen Ammanns Anteil an der Niederschlagung. Da heißt es: »Bis zu ihrem Tod bezog sie offen Stellung gegen die Nationalsozialisten.«

Am 6. April und 4. Mai 1924 finden Landtagswahlen statt. Die bürgerlichen Parteien verlieren massiv, der extrem rechte »Völkische Block« aus NSDAP und DVFP (Deutsch-Völkische Freiheitspartei) verzeichnet starke Zuwächse. Weitsichtig prangert Ellen Ammann im Aprilheft des »Bayerischen Frauenlands« Politik, Hass und Vereinheitlichungsbestrebungen dieser Parteien an: »Der Ausgang der bayerischen Landtagswahl sollte den Frauen zu denken geben. [...] Die arme Großstadtbevölkerung [...] läuft jedem neuen Propheten nach, von dem sie sich eine Besserung verspricht. Ohne Nachprüfung glaubt sie tönenden Worten [...] So fehlt ihnen wohl die Einsicht in die wahren Absichten der Völkischen Partei und die Fähigkeit, zu beurteilen, daß eine Partei, deren Presse in so unglaublicher Weise auf Papst und Kardinal Beschimpfungen häuft, nicht katholisch denken und fühlen kann. [...] Wenn diese ›neue‹ Partei einmal mitzusprechen hat in den Parlamenten, dann wird sich zeigen, daß sie nicht imstande ist, die Lage des Vaterlandes ohne weiteres zu bessern, ja, wir haben allen Grund, zu befürchten, daß besonders für unsere bayerische Heimat ihre Politik verhängnisvoll werden wird. [...] Eine

Überspannung, ja eine Vergötterung des nationalen Gedankens aber, wie sie von völkischer Seite getrieben wird, ist in unseren Augen verwerflich. [...] Das muß uns Frauen absolut klar werden, daß die Vertiefung im christlichen, im katholischen Geiste unsere einzige Rettung ist, weil nicht nur im Leben des einzelnen, sondern auch im Leben eines Volkes die Religion die Quelle alles wahren Glückes ist.«

Ellen Ammann informiert Lydia im März 1924 über die Gefahr einer nationalistischen Regierung: »Der Hitlerprozeß regt die Gemüter sehr auf. Wenn man die ganze Sache recht betrachtet, ist sie eigentlich eine Folge der wahnsinnigen Unterwühlungspolitik der Franzosen im Westen, was natürlich die national Denkenden in große Versuchung führt, eine neue Regierung zu schaffen, die eine bessere Politik gegen die Entente einschlägt. Gewiß sind Leute dabei, die nicht mit Waffengewalt vorgehen wollen, die aber sagen, es muß mit der Lüge der Schuldfrage aufgeräumt werden und die Ententebesatzung, von der jeder Soldat im Monat mehr bekommt als ein dt. Minister, sowie die Kontrollkommissionen etc., die mehr kosten als die ganzen Reparationskosten ausmachen, müssen verschwinden.«

Adolf Hitler kommt nach kurzer Festungshaft wegen des Putschversuchs Ende des Jahres frei. Im Februar 1925 kann er die NSDAP wieder gründen. Lydia Wahlström berichtet in ihrer Autobiografie von einem erstaunlichen Angebot des späteren Diktators an Ellen Ammann: »Hitler war von ihren Fähigkeiten derart beeindruckt, daß er ihr nach seiner Gefangenschaft einen Platz in seiner Regierung anbot, wenn sie den Katholischen Frauenbund nationalsozialistisch führen wolle, was sie natürlich ablehnte. Obwohl sie einerseits die Vaterlandsliebe der Nationalsozialisten heimlich bewunderte, so konnte sie dennoch niemals deren Antisemitismus und deren fehlende Einsicht für spirituelle Werte akzeptieren.« Von diesem Angebot berichtet allerdings nur Wahlström, es gibt sonst keine Quelle dafür.

Hätte Ellen Ammann die ›Machtergreifung‹ noch erlebt, wer weiß, was ihr zugestoßen wäre. Die Nationalsozialisten haben nichts und niemanden vergessen, wie beispielsweise die sofortige Inhaftierung 1933 der an der Revolution Beteiligten zeigt. Ammann können sie nur noch indirekt ›bestrafen‹, indem sie Godins Biografie 1933 aus dem Verkehr ziehen.

HOCHGEACHTET BIS ZUM SCHLUSS

Nach ihrer letzten Landtagsrede stirbt Ellen Ammann in der Nacht zum 23. November 1932. Am Morgen bittet Landtagspräsident Dr. Stang das Parlament zu einer Gedenkminute und sagt: »In den Mitgliederkreis dieses Hauses hat der Tod heute Nacht eine außerordentlich schmerzliche Lücke gerissen. Das Leben unserer verehrten Kollegin, der Frau Abgeordneten Ellen Ammann, Hofrats- und Arztensgattin, dieses Leben, das köstlich war, weil sein Inhalt Arbeit und Mühe gewesen ist, ist heute Nacht um einhalb ein Uhr erloschen [...] Nach einer Rede, in der sie, schöpfend aus dem Gedankenschatz einer Frau und Mutter, die sechs Kinder geboren und erzogen und von ihnen vier Söhne dem Vaterland zur Wehr ins Feld geschickt hat, zu einem der brennendsten, bevölkerungs- und sozialpolitischen Probleme, dem Problem der kinderreichen Familie sprach, ist sie, von einem Schlagfluß gerührt, aus diesem Saale getragen worden.

14 Jahre lang hat Frau Ellen Ammann diesem Haus angehört und mit einer vorbildlichen Pflichttreue und einem hingebenden Eifer die Aufgabe einer Abgeordneten erfüllt, für welche sie in vielen wissenschaftlichen Studien volkswirtschaftlicher und staatswirtschaftlicher Art gewonnenes und in der großen praktischen Schule sozial-caritativer Art vertieftes und bereichertes Wissen mitgebracht hat. [...] auch viele Organisationen des öffentlichen Lebens beklagen in dem Tod der Frau Hofrat Ammann den Verlust einer außerordentlich wertvollen Arbeitskraft [...]« Nach der Gedenkminute wird die Sitzung zum Zeichen der Trauer und Achtung um eine Stunde vertagt.

11 Die letzten Jahre

»Kopf hoch! Kopf hoch!«

(Ellen Ammann am 22. November 1932 zu Klara Barth)

1930 kann Ellen Ammann ihren 60.Geburtstag feiern. Maria Hopmann schreibt für das »Bayerische Frauenland« einen langen Artikel über ihr Leben und ihre Arbeit und endet mit den schönen Worten: »Wer Ellen Ammann kennt, wie sie wirklich im Tiefsten ist, in Familie, Frauenbund und politischem Leben, der wird immer wieder an das Bild der ›starken Frau‹ erinnert, wie das Buch der Weisheit sie schildert, und an ihrem 60. Geburtstag fühlt man sich gedrängt, den Schlußsatz wahr zu machen: ›Preiset sie ob ihrer Hände Erträgnis, und an den Toren soll man loben ihr Werk.‹«

AUFOPFERNDE TÄTIGKEIT

Eigentlich möchte Ellen Ammann 1932 ihren Posten als Abgeordnete aufgeben, sie spürt selber, dass sie kürzertreten muss. Sie hatte ja eine Zwangspause (s. Kap. 10) bekommen und diese sicher genossen. Aber es stehen wieder Wahlen an; im Landtag sind seit 1924 außer ihr nur noch drei Frauen vertreten, darunter für die BVP Klara Barth aus der Pfalz; die Gefahr von rechts ist groß ... Also sagt Ammann zu Barth, mit der sie befreundet ist: »O nein, das macht mir gar nichts, das habe ich doch alles an den fünf Fingern, das ist keine Anstrengung, das macht mir Spaß«, tritt noch einmal an und wird nach einem kräfteraubenden Wahlkampf im April gewählt.

1932 geht sie auf Kur, dennoch zeigt sie weiter »Nerven«, wie sich Ottmar erinnert. »Sie wurde so ruhelos, daß man sie selten irgendwo sitzen sah. Wenn man mit ihr reden wollte, brauchte man sie gar nicht in der Wohnung zu suchen. Man durfte nur in einem Zimmer stehen bleiben und war sicher, daß sie in kürzester Zeit zu einer Türe hereinkam, aber auch ebenso rasch zur anderen hinausging, oft ehe man ausgesprochen hatte.«

Der 60. Geburtstag Ellen Ammanns mit Gatte, Kindern, Schwiegertöchtern und Enkeln, 1930

Ein Urlaub im Bayerischen Wald im August verschafft da nur kurzfristig Entspannung. Ottmar aber genießt ihn. »Es war eine unvergeßliche Zeit, diese drei Wochen, wo ich mein liebes Weib in Gottes herrlicher Natur bei prachtvollem Wetter noch einmal so ganz für mich alleine hatte.«

Im Oktober leitet Ellen noch die Generalversammlung des KDFB in Regensburg, von der sie einen Tag früher abreist, weil sie sich müde fühlt. Am 4. November 1932 gönnt sie sich einen Einkehrtag mit Cölestin Schwaighofer in Wörishofen und Kaufbeuren, wo sie das Grab der hl. Kreszentia besuchen. In einem Dankesbrief an den Pater zählt sie diesen Tag zu den glücklichsten ihres Lebens.

TOD AM 23. NOVEMBER 1932

Ihre letzte Parlamentsrede plagt Ellen schon im Vorfeld. Sie arbeitet lange daran und hat Angst vor der Rede, wie sie ihrem

Mann und anderen Vertrauten erzählt. Am 22. November ruht sie mittags auf dem Sofa und verlässt das Haus dann so in Eile, dass sie sich nicht, wie sonst, von ihrem Mann verabschiedet. Gleich nach den ersten Sätzen ihrer Rede ermahnt der Landtagspräsident sie, sie möge lauter sprechen. Zurück an ihrem Platz im Plenum sackt sie zusammen, wird in einen Nebenraum gebracht, ärztlich betreut; sie erleidet zwei Schlaganfälle hintereinander.

Albert schreibt über die Todesnacht an seine Geschwister: »Nachts 12 Uhr 15 Minuten wurde Maja [Maria Ammann] von der Schwester angerufen und ihr mitgeteilt, dass Mutter eben, ohne das Bewusstsein wiedererlangt zu haben, verschieden sei. Mutter hatte etwa um 11 Uhr 15 Min. die letzte Ölung erhalten. Die Kinder hier in München waren also leider nicht bei Mutter. Mutter ist ganz ohne Todeskampf hinübergegangen.« An die Brüder in China schreibt er weiter: »Ihr hatte der Tod keinen Zwang angetan. Wenn man sie sah, mußte man wohl glauben, daß schon ein kleiner Schimmer der Ewigkeit über ihrem Gesicht liege und man konnte nur glauben, nein man mußte fest überzeugt sein, daß sie schon im Lichte ihres Schöpfers stünde. Wenn ich das so sage, dann ist das in mir ein ganz fester Glaube, denn erst in diesen Tagen ist mir erst wieder klar geworden, daß ihr ganzes Leben nichts anderes war, als ein einziges Arbeiten für Gottes Ehre und für die Mitmenschen.«

Zur Beerdigung am 25. November auf dem Alten Südfriedhof reisen aus Schweden die Mutter und die Schwester Harriet an, die Söhne Albert und Rolf von ihren Wirkungsstätten in Deutschland. Die Anzahl der Trauergäste ist überwältigend. Albert: »Die Beerdigung war für die tote Mutter eine große Ehrung, so wie Menschen sie eben vornehmen können. Der Kardinal selbst war da, das Königshaus hatte Kränze geschickt, der Ministerpräsident war gekommen und der Landtagspräsident sprach, aber das wichtigste war, daß die armen Leute an ihrem Grabe weinten und für sie beteten.« Am Grab stehen außerdem Abgeordnete des Stadtrats, vom Domkapitel, Frauenbundmitglieder mit ihren Fahnen. Im »Bayerischen

Sterbebildchen für Ellen Ammann, 1932

Kurier« heißt es, der Südliche Friedhof habe selten eine so große Trauergemeinde gesehen. »Aber die Armen weinten und das war erschütternder«, schreibt Godin in ihrem Nachruf im »Bayerischen Frauenland«. Sie lässt die Armen sprechen: »[...] solche Ehen, wenn alle führten – dann wäre es besser um diese Welt bestellt, und der Glaube und die Kirche hätten nichts Übles zu besorgen! Tausenden hat sie mit offener Hand gespendet – und immer stand dabei der Mann an ihrer Seite.« Ottmar Ammann überlebt seine Frau, schwer gebeugt, um sieben Jahre.

NACHRUFE UND WÜRDIGUNGEN

Amelie von Godin widmet ihrer Mentorin eine Biografie, die 1933 erscheint und deren 60.000 Exemplare das Regime einstampfen lässt – letztendlich auch eine Form von Würdigung!

In den »Münchner Neuesten Nachrichten« steht am 24. November: »[...] weder ihre Tätigkeit als Gehilfin ihres Mannes noch als Hausfrau und Mutter [...] vermochte das Leben dieser mit ungewöhnlicher Energie und einem rastlosen Schaffensdrang ausgestatteten Frau vollständig zu erfüllen. Eine tiefe und echte Menschlichkeit, die in wahrer Frömmigkeit wurzelte, war der beherrschende Zug dieser mit außergewöhnlichen Gaben des Geistes ausgestatteten Frau [...]«

Die folgenden Stimmen und Erinnerungen von Weggefährtinnen Ellen Ammanns, aber auch Zeitgenossinnen, die ihrer Arbeit nahestehen, sind relativ willkürlich ausgewählt. Sie sollen ein Bild der großen Wertschätzung zeichnen.

Maria Hopmann 1933: »Es ist geradezu erschütternd, bei ihrem Tod nun von allen Seiten aus dem Kreis früherer Schülerinnen zu hören, wie keine sich dem Einfluß ihrer Persönlichkeit entziehen konnte, wie jede bleibende Worte für ihr persönliches Leben von dieser Frau mitgenommen hat. [...] Und wie hingen die Schülerinnen der ersten Jahrgänge, um die sie sich noch persönlich annehmen konnte, an ihr.«

Auch Lydia Wahlström verfasste einen Nachruf: »Sie besaß in einem höchst bemerkenswerten Grad die einfache, innere Klarheit der Güte und Reinheit.« Schon vorher schrieb sie: »Wäre sie ein Mann gewesen, so wäre sie wohl selbst Priester geworden.«

Marie Zettler schreibt im »Bayerischen Frauenland« vom Dezember 1932: »Das war der hervorragendste Zug ihres Wesens: allem Großen und Guten zugänglich, und immer bereit, anderen eine Freude, eine Wohltat, etwas Gutes zu erweisen. Ihre Unermüdlichkeit war geradezu vorbildlich. [...] Man kann wohl sagen, sie hat sich im Dienste der Bewegung des Kath. Frauenbundes und der katholischen Sache überhaupt aufgezehrt.«

Lida Gustava Heymann resümiert: »In meiner langjährigen Bekanntschaft mit dieser Frau, die weder eitel war, noch ihre Taten jemals herausstrich, konnte ich wiederholt feststellen, wie wesentlich und ausschlaggebend ihre Initiative und Tatkraft in entscheidenden Augenblicken waren.«

Ammanns ehemalige Schülerin Paula Linhart erwähnt 1940 besonders ihre »bezaubernde Menschlichkeit [...], eine unmittelbare Verbindlichkeit, die ihr den Zugang in alle sozialen Schichten öffnete und die Schwierigkeiten überbrückte, die aus Standesunterschieden und Landesverschiedenheiten kamen. [...] Sie war immer fordernd, aber in jede Forderung ging sie im eigenen Beispiel selbst ein.«

Helene Weber erinnert sich 1943: »Zahllos sind die leiblichen und geistlichen Werke der Barmherzigkeit, die sie schlicht und still gespendet hat. [...] Unzählige besuchten ihre Sprechstunden oder klopften zu jeder Tageszeit – aber nie vergebens – an ihrer Türe. [...] Wie oft waren ihre Mitarbeiterinnen Zeuge davon, daß die letzte Mark aus ihrer Börse und ein notwendiges Kleidungsstück aus ihrem Schrank verschwand!«

Ursula Männle, Sozialwissenschaftlerin, Politikerin und Trägerin des Ellen-Ammann-Preises 2015, fasst in einer Sendung des »Bayerischen Rundfunks« (2000) zusammen: »Sie war eine Frau, die [...] wußte, wenn ich langfristig arbeite, muß ich gesellschaftliche Strukturen verändern und muß po-

Das Grab der Familie Ammann auf dem Alten Südfriedhof in München (Grabfeld 32, Reihe 1, Grab 12/13) wird alljährlich am 23. November geschmückt.

litischen Einfluß nehmen, die von daher auch den Weg in die Gesetzgebung gegangen ist und dadurch heute noch eine enorme Wirkung hat. Für mich ist Ellen Ammann eine Frau, die praktisches Tun mit langfristigen Strategien verbunden hat und damit den gesellschaftspolitischen Weg gegangen ist, also auch noch eine sehr moderne Frau.«

Ähnlich formuliert Gunda Holtmann in ihrer Dissertation 2017: »Ammanns Arbeit zeichnete sich durch Nächstenliebe aus, deren Ursprung sie allerdings nicht in sich selbst verortete, sondern bei Gott: Alles, was sie tat, geschah nicht aus eigener Kraft, vielmehr begriff sie sich als Werkzeug. Diese Einstellung beeinflusste ihr gesamtes Leben maßgeblich. In ihren Ausführungen erfahren wir, wie wichtig es ihr war, ihren Mitmenschen diese Kausalität bewusst zu machen, damit diese ihr Leben ebenfalls danach ausrichteten. Somit wirkte Ammann auch in ihrem ganz persönlichen Umfeld apostolisch.«

Elfriede Schießleder, langjährige KDFB-Landesvorsitzende, ergänzt 2018: »Ihre Verantwortung für die Welt erkannte sie aus ihrer Verantwortung vor Gott heraus. Die biblische Botschaft war ihr Lehrbuch für eine bessere Weltgestaltung.«

UND HEUTE? – ELLEN AMMANNS ERBE

Alle von Ellen Ammann geschaffenen Einrichtungen existieren noch. Auch das Grab auf dem Alten Südfriedhof ist erhalten und wird gepflegt. 1957 wurde zudem eine Straße in München-Blumenau nach ihr benannt, ebenso in Regensburg-Prüfening und in Ingolstadt.

Seit 1991 hängt am Ellen-Ammann-Haus des KDFB in der Schraudolphstraße 1 eine Gedenktafel (s. S. 92). Das Kinderhaus der Caritas in München-Hadern wurde nach ihr benannt, und die Stiftungshochschule wird einem neu erbauten Trakt ihren Namen geben.

Seit 2013 gibt es einen Ellen-Ammann-Preis, mit dem der bayerische Landesverband alle zwei Jahre im Landtag Frauen ehrt, »die wie Ellen Ammann Grenzen überwunden haben«. Zudem kann eine Wanderausstellung, die 2018 eröffnet wurde, ausgeliehen werden.

12 Reden und Aufsätze der Ellen Ammann

»[...] qui trop embrasse, mal étreint!«
»Wer sich zu viel vornimmt, führt nichts richtig durch.«

(Ellen Ammann, 1904)

Ellen Ammann hat nicht wie andere führende Mitglieder des KDFB ein großes theoretisches Werk verfasst. Von ihr gibt es lediglich Aufsätze für verschiedene Zeitungen sowie die Reden im Bayerischen Landtag. Das Tun lag ihr wohl mehr als das Schreiben. Auf die wichtigsten Sachverhalte soll im Folgenden dennoch etwas näher eingegangen werden.

FRAUENBILDUNG UND -ARBEIT

Von Anfang an und immer wieder schreibt Ellen Ammann über das Thema Frauenbildung und -arbeit, und es fließt auch in viele ihrer Reden zu Gesundheit und Wohlfahrt ein. »Die Frau hat dasselbe Recht auf Arbeit wie der Mann.« Das sagt sie 1909 bei der Gründungsversammlung des Freiburger KDFB-Zweigvereins. Mittlerweile sieht die katholische Kirche das im Großen und Ganzen auch so. Zahlreiche diesbezügliche Aussagen in mancher Priesterrede auf den Katholikentagen (s. Kap. 4) finden wir in Ammanns Texten wieder. Sie haben ihr wohl aus der Seele gesprochen.

In einem frühen Artikel bricht sie eine Lanze für die Ehefrau, betont, wie wichtig es sei, dass sie als Gattin und Mutter von Söhnen (!) eine gleichwertige Allgemeinbildung besitze, damit sie ihnen »ebenbürtig« sein könne. Dazu gehöre auch die Bildung einer christlichen Weltanschauung. »Wie oft müssen wir nicht in einer Gesellschaft schweigen und eine Behauptung gegen den Glauben und die Kirche wie Gift in junge Gemüter eindringen lassen, weil uns die Kenntnisse fehlen, sie zu widerlegen!« Zwei- bis dreijährige Fortbildungskurse für Absolventinnen der Mädchenschulen, wie sie sie fordert,

Publikationen zu Frauenbildung und -arbeit

- Die wissenschaftliche Weiterbildung der nicht berufstätigen Frau, 1905
- Wertschätzung der Arbeit ein Hülfsmittel zur Lösung der Frauenfrage, 1908
- Wahlfächer und Frauenschule, 1910
- Wichtige Aufgaben der katholischen Frauenbewegung, 1911
- Forderungen der Zeit an die katholischen Frauen, 1911
- Warum wir Zulassung zu den akademischen Berufen erstrebt haben?, 1912
- Der Katholische Frauenbund, 1912
- Soziale Pflichten der katholischen Frau, 1913
- Die Frau als Mitgestalterin am neuen Deutschland, 1916
- Zum Frauenturnen, 1927
- Rede im Landtag am 21. Dezember 1921

Die vollständigen bibliografischen Angaben sind im Literaturverzeichnis aufgeführt.

sind 1910 geplant, sie heißen Frauenschulen und sollen die jungen Frauen in hauswirtschaftlichen und sozialen Kursen auf ihre Zukunft als Ehefrauen vorbereiten. Das begrüßt Ellen Ammann und schlägt vor, auch noch Kurse als Erzieherin oder Kinderpflegerin einzuplanen. Das würde den Frauen echte Erfahrungen für ihre spätere Familienarbeit bringen, und sie hätten einen Beruf erlernt, fall sie ihn bräuchten.

In späteren Artikeln geht sie auf den gesellschaftlichen Wandel ein. Bürgerliche Frauen sollten nicht länger Erwerbstätigkeit als sozialen Abstieg empfinden müssen, die Zeit sei gekommen, dass sie eine qualifizierte Berufsausbildung erhielten. Ammann plädiert für rechtliche Gleichstellung und Interessenvertretung für bürgerliche Frauen. Immer mehr Frauen seien erwerbstätig, und ihre ›Mütterlichkeit‹ werde überall in Staat und Gesellschaft benötigt. Hier könnten die katholischen Frauen »unheilbare Wunden erträglich machen durch die Hoffnung auf Ewigkeit«. Sie müssten die Caritas weitertragen, den »Einfluß des Christentums in die Wagschale [sic] [...] werfen«. Es sei Aufgabe des Frauenbundes, hierüber aufzuklären; dafür müssten flächendeckend Zweigvereine gegründet werden. (Wir sind im Jahr der Gründung des bayerischen Landesverbands!)

Immer häufiger gebe es auch Bedarf an (katholischen) Akademikerinnen. Viele Frauen hätten das Bedürfnis, hier Geschlechtsgenossinnen gegenüberzustehen. Man dürfe jetzt nicht mehr befürchten, die weiblichen Eigenschaften könnten durch ein Erwerbsleben gefährdet werden; im Gegenteil, die Frauenfrage könne »ohne die katholische Frau [...] nicht gelöst werden«. Auf sie warteten »vielleicht nicht glänzend honorierte Posten, nein, aber sie entsprechen dem weiblichen Gemüt, sie geben der Frau Gelegenheit, alle jene reichen Gaben zu entfalten, welche Gott in ihr Herz gelegt«.

1921: FRAUEN ALS SCHÖFFINNEN UND GESCHWORENE

Seit 1909 gibt es in Bayern Jugendgerichte, und seither besteht der Wunsch nach weiblichen Schöffen und Geschworenen. Im Verfassungsausschuss des Landtags werden Anträge dazu erarbeitet und am 21. Dezember 1921 in einer langen Debatte von Rednerinnen und Rednern der verschiedenen Parteien diskutiert. Einige Herren argumentieren mit fadenscheinigen Überlegungen, weshalb Frauen ungeeignet seien. Diese Scheinargumente graben sie aus lange zurückliegenden Diskussionen um die Zulassung von Frauen zu Studium und Abitur aus. Drei Frauen, Elisabeth Kaeser (SPD), Dr. Gertrud Wolf (Mittelpartei) und Ellen Ammann, zerpflücken diese Einwände genüsslich. In der Reichsverfassung stehe ja: »Männer und Frauen haben grundsätzlich dieselben staatsbürgerlichen Rechte und Pflichten.« Deshalb sieht Ammann es »als eine Forderung der Gerechtigkeit an, daß die Frau, wenn sie unter demselben Gesetz steht wie der Mann, nicht nur bei der Abfassung desselben beteiligt sei, sondern auch bei dessen Auslegung und Anwendung, ganz besonders in den Fällen, in denen sie selber davon betroffen ist«. Die weibliche emotionale Kompetenz und Fähigkeit gerade in der Rechtsprechung sei »bedeutend größer wie die des Mannes«. Und eine besonders dumme Aussage wischt sie vom Tisch: »Die Abneigung des Mannes von Frauen abgeurteilt zu werden, kann nicht ausschlaggebend sein.« Es würde im Gegenteil Vertrauen schaffen, wenn Frauen an der Urteilsfindung beteiligt wären, denn »[...] gerade die Fähigkeit der Frau sich einzufühlen, erscheint vielen als unentbehrliche Ergänzung der männlichen, rein formalen Auffassung. Nur im gemeinsamen Wirken von Mann und Frau, die sich gegenseitig ergänzen, kann ein wirklich gerechtes Urteil gefunden werden.« Die Frau sei besonders geeignet, psychologische Zusammenhänge zu finden, und könne deshalb ein wertvoller Faktor in der Rechtspflege werden.

Obwohl Ammann sich mit Verve für die Zulassung der Frauen einsetzt, schließt sie sich am Ende doch dem Antrag ihres Parteikollegen Speck an und befürwortet die Berufung von Frauen nur »in den hierfür geeigneten Fällen, insbesondere bei der Aburteilung von Frauen und beim Jugendgericht. [...] Es kann nur von Vorteil sein, wenn die Frau langsam und allmählich in diese verantwortungsvolle und schwere Tätigkeit eingeführt wird.« Hat sie hier zu wenig Vertrauen ins eigene Urteil oder folgt sie der Parteiräson?

Beschlossen wird der »Antrag Speck« – trotz der oben erwähnten Einschränkung ein wichtiger Schritt für die Beteiligung der Frauen im Staatsdienst.

KRIEGSGEFANGENE, KRIEGSFOLGEN

Diesem Thema widmen sich Landtagsreden Ellen Ammanns am 5. Dezember 1919, 11. Mai 1920 und 23. Juni 1921.

Die Angehörigen der Kriegsgefangenen hält sie für »die Betrogensten von allen, die es heute in der Welt gibt«. Deshalb fordert sie 1919, dass sie im selben Maß entschädigt werden müssten wie Kriegerwitwen. Jene, die Angehörigen (und das Ausland), sollten wissen, dass sie nicht vergessen seien. »Wir wollen diese Pflicht der Gerechtigkeit erfüllen, und ich wünsche nur, daß die Gefangenen hören könnten, daß wir das wollen, und daraus Trost schöpfen könnten [...]«

Sie übt in den folgenden Reden scharfe Kritik an der Behandlung der Kriegsgefangenen durch Frankreich sowie am Versailler Vertrag und seinen Folgen. 1921 fordert sie, Kriegsgefangene auf beiden Seiten gleich zu behandeln: »Entweder allen verzeihen oder alle strafen!« Nur durch Gerechtigkeit könnten die Staaten wieder zu gegenseitiger Achtung und Völkerversöhnung finden. Die Rede erntet viele zustimmende Zwischenrufe, lebhaften Beifall.

1920 stellen »Ammann und [Partei]Genossen« (so im Landtagsprotokoll) folgenden Antrag: »Der Landtag wolle beschließen: Die Staatsregierung wird ersucht, bei der Reichsregierung darauf hinzuweisen, von der Entente die Zurückziehung der farbigen Besatzungstruppen zu erlangen. Die wiederholt von Mitgliedern derselben verübten, von Frankreich immer wieder geleugneten und vertuschten Sittlichkeitsverbrechen gegen deutsche Mädchen und Frauen werden zu einer bleibenden Schmach für die ganze weiße Rasse und für das Sittlichkeitsempfinden der zivilisierten Welt, wenn nicht endlich Abhilfe geschaffen wird.« »Schwarze Schmach« heißt das in der Presse; Ellen Ammann benutzt diese Formulierung nicht. Es geht in dieser ungewöhnlich emotionalen Rede um die Besetzung der rheinischen Gebiete durch französische Truppen aus Kolonien in Afrika. Ihnen wird Missbrauch der deutschen Frauen vorgeworfen. Dazu muss man wissen, dass die Präsenz dieser Soldaten in bestimmten Kreisen von Presse und Politik in jener Zeit wohlkalkuliert benutzt wird, um gegen Frankreich zu hetzen. Ammann berichtet von den eigenen Eindrücken einer Pfalzreise, bezieht sich aber vor allem auf solche Nachrichten (die z. T. bis heute nicht eindeutig belegt sind). Sie befürchtet, diese »Sittlichkeitsverbrechen gegen deutsche Mädchen und Frauen werden zu einer bleibenden Schmach für die ganze weiße Rasse und für das Sittlichkeitsempfinden der zivilisierten Welt, wenn nicht endlich Abhilfe geschaffen wird«. Unverständlich ist ihr, wie Großbritannien und die USA das – behauptete – Verhalten der Farbigen akzeptieren könnten, wo doch gerade sie so strikt für eine Rassentrennung einträten. »Das Traurige ist, daß dies alles zurückfallen wird auf die gesamte weiße Rasse, deren ganze Kultur dadurch erniedrigt wird.« Hinter dem Antrag stünden die Frauen aller Fraktionen. Ammann erntet lebhaften Beifall, Landtagspräsident und Ministerpräsident unterstützen den Antrag.

Fast alle Fraktionen, auch des Reichstags, auch der Reichskanzler, beurteilen die Situation am Rhein so. Sie alle glauben den Pressekampagnen, die noch jahrelang andauern, und nutzen diese, um den Hass auf Frankreich sowie Rassismus zu schüren.

UNMORAL UND SITTLICHKEIT

Spätestens in der Weimarer Republik haben sich Kultur und das Freizeitverhalten der Bürger stark verändert. Durch die Massenkultur (Kino, Kabarett, Sportveranstaltungen etc.) ist bei vielen Kulturschaffenden und Politikern der Eindruck entstanden, dass sich »Schmutz, Schund und Kitsch« ungehindert verbreiten würden. Auch ›Unsittlichkeit‹ (Pornografie, Prostitution, Empfängnisverhütung, Abtreibung, Alkoholmissbrauch, sexuelle Freizügigkeit und andere ›Moden‹) werden angeprangert. Ellen Ammann beschäftigt sich ebenfalls schon früh und über all die Jahre mit diesem Themenbereich.

Im Dezember 1923 richtet der bayerische Landesverband des KDFB eine Sittlichkeitskommission ein, mit wenig Erfolg. Zwei Jahre später wird der »Bund für sittliche Volkswacht« gegründet, mit Ellen Ammann als Vorsitzender. In dieser Funktion reicht sie zahlreiche Eingaben bei der Polizeidirektion gegen Filme ein, in denen nackte Körper oder Geschlechtliches zu sehen sind. Der Ruf nach Zensur ist allgemein laut, und sie wird auch vermehrt eingesetzt.

Als unsittlich empfunden werden nicht nur bestimmte Filme, ›Schundliteratur‹, Postkarten, Fotos oder Aufklärungsschriften. Auch in der ›Hochkultur‹ ist nicht alles genehm. Ammann nennt ›Täter und Taten‹: »Das Schlagwort ›dem

Cover der Kunst- und Literaturzeitschrift »Jugend«, Ausgabe Nr. 39/1896, gestaltet von Ferdinand von Řezníček

reinen ist alles rein‹, [aus: Nietzsche, »Also sprach Zarathustra«] hat uns verhängnisvoll beeinflußt.« Und: »In den Theatern sehen anständige Frauen in Musik gesetzte Perversitäten [z. B. »Salome« von Richard Strauss] an. […] ›Jugend‹ und ›Simplicissimus‹ sollen tonangebend sein für Witz und Kunst unserer Zeit, – und wir lesen sie, obwohl sie angreifen, was uns das Heiligste ist, und die Autorität untergraben.« Theaterstücke, Literatur, Kabarett und Zeitschriften, sie alle brächten ein neues »Heidentum« in die Gesellschaft. Die Mode diene vor allem dazu, die »Frau zum Geschlechtswesen herabzuwürdigen«. Deshalb arbeitet der KDFB Bayern 1926 in einer bischöflichen Kommission an einer Modebeilage mit.

Publikationen zum Thema Sittlichkeit

- Schutz der Jugend, 1906
- Der Anteil der Frau an der Bekämpfung der Immoralität in Wort und Bild, 1911
- Wichtige Aufgaben der katholischen Frauenbewegung, 1911
- Schutz und Wehr für Frauenehr', 1914
- Die Frau als Mitgestalterin am neuen Deutschland, 1916
- Karneval und Fasten, 1926
- Zum Frauenturnen, 1927
- Reden im Landtag am 13. März 1925, 9. Februar 1928

Der Frau als Hüterin des Hauses und der Sitten kommt in »Der Anteil der Frau an der Bekämpfung der Immoralität in Wort und Bild« eine wichtige Rolle zu, denn sie könne kontrollieren, was ins Haus kommt. Schon jetzt (1911) fordert Ellen Ammann staatliche Zensur, in Zusammenarbeit mit allen Frauenvereinen. Darüber hinaus müsse mehr Wert auf Volksbildung gelegt werden; Ammann hat zum Beispiel schon 1905 einen Leseraum und später Kinderlesehallen eingerichtet.

»Der Schutz, den Gott dem Menschen gab zur Hilfe und zur Rettung vor sich selbst nach dem Sündenfall, die Schamhaftigkeit, droht zu schwinden. Und wie sollten wir unsere Kinder zur Schamhaftigkeit erziehen können, wenn ihnen überall der reinste Hohn auf dieselbe entgegentritt? [...] Aufklärung muß sein; aber unter vier Augen durch Vater und Mutter, nicht öffentlich in der Schule. [...] Erziehen wir unsere Kinder zu einem starken Geschlecht; [...] Geben wir ihnen, wenn wir sie über die Rätsel des Lebens aufklären, Ehrfurcht mit für die Schöpfergewalt, die Gott dem Menschen verlieh. […] Lehren wir unsere Kinder, daß etwas, was nicht in der katholischen Weltanschauung wurzelt, für Katholiken nicht maßgebend sein kann.« Die Unauflöslichkeit der Ehe und Jungfräulichkeit seien Werte, die nur in der katholischen Kirche gelten.

Im Aufsatz »Schutz und Wehr für Frauenehr'« wendet sie sich gegen alles, was in der modernen Gesellschaft ›in‹ ist: erotisierende Kleider, Tango, »der aus den schlimmsten Spelunken Argentiniens stammt […], unvereinbar mit einem reinen Gemüt«, oder »nervenerregende« Kinofilme und anderes.

Der KDFB fordert von der Staatsregierung, öffentliche Faschingsveranstaltungen zu verbieten, sie seien unsittlich und die Menschen gäben unnütz Geld aus. »Ich habe volles psychologisches Verständnis für die Sehnsucht nach etwas Freude, die in unserem Volk gesteigert wird durch die fürchterliche Not«, sagt Ellen Ammann 1925 im Landtag. »Ich habe selber Jugend in meiner Familie.« Mit Karneval in der Form der früheren Trachtenfeste statt Redouten oder Bals parés »hätten wir eine erzieherische Aufgabe am Volke erfüllt«. Im Aufsatz »Karneval und Fasten« von 1926 schlägt sie vor, eine besondere Fastenwoche einzurichten. Wenn schon geprasst werde, sollten sich Familien in dieser Woche wenigstens etwas vom Munde absparen und den Armen geben.

Im Landtag gibt sie den Trachtenverbänden des Oberlandes eine Stimme, die wünschen, dass amerikanische und französische Tänze verboten würden; diese seien sittenverderbend. Die Trachtler drohten Selbsthilfe an, ebenso gegen das Verhalten der Sommerfrischler an den Badeseen. Auch Ammann wünscht sich die Einrichtung von getrennten Badestellen und preiswerten Badegelegenheiten. Das spricht sie 1925 an. Sie zitiert aus den Leitsätzen der Bischöfe zu den Sittlichkeitsfragen: »Körperkultur darf daher nie zum Körperkult und so zum Schaden der Seelenkultur werden.« Vor allem die Nacktkultur störe, »das Baden im Freien, das so weit gegangen ist […], daß der Aufenthalt an unseren bayerischen

Seen für Familien kaum noch möglich war und daß Fremde sich darüber beklagten«.

Das Erste Bayerische Kreisfrauenturnfest findet Mitte Juli 1927 in Neuburg/Donau statt, ebenfalls Anlass für einen Artikel. Bischöfe hatten in ihren »Leitsätzen in verschiedenen modernen Sittlichkeitsfragen« eine Teilnahme verboten. Öffentliche Wettkämpfe dürften nicht Schauspiel für Männer sein, sie würden der Stellung der Frau und der Ehrfurcht vor ihr schaden. Ammann stellt fest: »Es ist auch eine allgemeine Erfahrung in der Weltgeschichte, daß Perioden einseitiger Körperkultur auch Zeiten tiefster unsittlicher Entartung gewesen sind.«

SOZIALPOLITISCHE THEMEN

Zu ihren Spezialgebieten Gesundheit und Wohltätigkeit hält Ellen Ammann sechs Reden. Hier wiederholen sich die Themen ebenso wie die Argumente über die Jahre – ein Zeichen, dass sich im Land nicht viel ändert. Einige Punkte liegen ihr als Katholikin besonders am Herzen: der Kampf gegen Geburtenregelung, Unterstützung der Frauen und Familien, medizinische Versorgung, bessere Ausbildung in sozialen Berufen. Hier sollen nur drei Aspekte betrachtet werden, sozusagen exemplarisch für alles andere, dem sie sich mit ebenso großem Fleiß gewidmet hat.

1920 gibt es verschiedene Anträge im Reichstag, die Paragrafen 218, 219 und 220 des Strafgesetzbuches, die Abtreibung und Sterilisation betreffend, aufzuheben oder die Strafen zu lockern. Ab 1922 spricht sich Ellen Ammann in allen Reden strikt gegen eine Liberalisierung aus. Am 7. Mai 1926 schließlich wird eine Gesetzesnovelle zu einem neuen § 218 beschlossen. Er sieht statt wie bisher Zuchthaus lediglich eine Gefängnisstrafe vor.

Alles, was auch im Entferntesten mit Geburtenkontrolle zu tun hat, lehnt Ammann bedingungslos ab. Dabei ist sie nicht immer dogmatisch, sondern kann durchaus empathisch sein. Sie schildert 1922 im Landtag, was diese Eingriffe, hier die Unfruchtbarmachung, bei der Frau – und dem Mann –

Gesundheitswesen und Wohlfahrt

- Wichtige Aufgaben der katholischen Frauenbewegung, 1911
- Forderungen der Zeit an die katholischen Frauen, 1911
- Soziale Pflichten der katholischen Frau, 1913
- Schutz und Wehr für Frauenehr', 1914
- Die Frau als Mitgestalterin am neuen Deutschland, 1916
- Reden im Landtag am 31. Mai 1922, 13. März 1925, 7. Mai 1926, 9. Februar 1928, 7. März 1929, 12. März 1931, 22. November 1932

nach ihrer Ansicht bewirkten: »Diese Manipulationen erachte ich als mit der Frauenwürde für unverträglich; [...] Unser Reinheits- und Mütterlichkeitsgefühl sind die kostbarsten Gaben der Frau, die beide dadurch untergraben würden.« Das gelte für die reiche wie die arme Frau. »Wenn sie das [das feinste Gefühl] nicht hätte, dann würde die Frau zu einem reinen Geschlechtswesen herabsinken und es würde das, was das Mysterium des Lebens adelt, dadurch verloren gehen. Die Welt würde dadurch einfach vermaterialisiert werden und wir würden von der Höhe herabsinken, die den Menschen über das Tier erhebt.«

Bei ihrer Rede anlässlich der Gesetzesnovelle 1926 verurteilt Ammann die Abtreibung nicht nur, sondern denkt weiter: »Wenn wir einerseits immer betonen, daß jeder Versuch, das keimende Leben zu zerstören, einem Mordversuche gleichkommt, und zwar gegen ein Wesen, das sich selbst nicht verteidigen kann, so müssen wir uns auf der anderen Seite auf den Standpunkt stellen, daß es Pflicht des Staates ist, möglichst viel für die Neugeborenen und die Kinderpflege zu tun.« Die Formulierung »Abtreibungsseuche« fällt öfter. Ammann verteidigt sie und schließt »[...] ganz direkt: Es ist eine Seuche in unserem Volke.«

Ellen Ammann macht sich auch Sorgen um den Bestand des deutschen Volkes. Wenn alle Familien nur noch zwei Kinder hätten, dann würde das Volk »[…] nicht mehr konkurrenzfähig sein in der Weltwirtschaft, es wird aber auch so viele große seelische Eigenschaften einbüßen, daß es auch nicht mehr wert ist, einen solchen Platz innezuhaben. Wer kann bei einer sogenannten Rasseselektion sagen, ob das erste oder zweite Kind das begabteste in der Familie ist oder ob ich nicht gerade die begabtesten zerstöre, wenn ich nur ein oder zwei Kinder haben will?« Von den Aussagen der Nationalsozialisten zur »Rassenhygiene« distanziert sie sich: »[…] Auf das entschiedenste wehren wir uns dagegen, daß unter dem angeblichen Wunsche einer besonderen Rassezüchtung Gedankengänge, die für die Tierwelt vielleicht zutreffend sein könnten, auf das menschliche Geschlecht übertragen werden.«

Dass sie auch undogmatisch urteilt, zeigt sich, als sie ein Gesetz wünscht, durch das »die Gewerbsunzucht als solche verboten und bestraft werden müsste, aber nicht nur auf dem Wege, daß man nachher die Leute ins Gefängnis steckt, sondern dadurch, daß man ihnen hilft, einen anderen Weg zu finden«. Wie man den Frauen, die ein Kind nach dem anderen auf die Welt bringen müssen, helfen kann, formuliert sie dagegen lediglich in den Reden zum »Bund der Kinderreichen«.

Die Ausbildung im Gesundheitssystem liegt der Schulleiterin Ellen Ammann sehr am Herzen. Alle im sozialen Bereich tätigen Frauen müssten besser ausgebildet und bezahlt werden. Zweimal fordert sie eine Prüfungsordnung für die Wohlfahrtspflege bei den sozialen Frauenschulen, um einen Qualitätsstandard für diese Berufe zu schaffen. (Eine solche wird 1925 beschlossen.) Ungewohnt persönlich argumentiert sie bezüglich der Hebammen: »Ich kann Ihnen aus eigener Erfahrung sagen, daß es wenig Menschen gibt, denen gegenüber ich mich so zu Dank verpflichtet fühle wie die, die mir in den verschiedenen Momenten geholfen haben, als mir der liebe Gott ein Kind geschenkt hat, ich aber trotzdem auf menschliche Liebe und Barmherzigkeit angewiesen war, für die Art und Weise, wie mir diese Frauen entgegengekommen sind.«

Ganz modern wirkt ihre Eingabe, dass in der Fürsorgepflichtverordnung nicht von »Personen« die Rede sein solle, sondern von Frauen – so kämen diese auch bei der Besetzung von Stellen zum Zuge.

Den »Bund der Kinderreichen« (1922 gegründet) unterstützt Ellen Ammann in ihren letzten drei Reden, hält eindringliche Plädoyers für die kinderreichen Familien, stellt noch einmal den Geburtenrückgang als Bedrohung für den Staat dar. Der »Nachwuchs des Volkes [ist] das wertvollste Volksgut, das wir haben. Diejenigen, die mehr als drei Kinder aufziehen – die Mindestzahl, um das Aussterben des Volkes zu verhüten – müssen wir hochachten, denn sie leisteten dem Volk einen Dienst, der durch keinen anderen aufgewogen werden kann. [...] Die kinderreiche Familie ist aber heute sozusagen unter Strafe gestellt. [...] Die Ehescheu, die Kinderscheu, die Abwehr werdenden Lebens wird sozusagen durch die Besserung der Lebenshaltung belohnt.«

Am 12. März 1931 erinnert sie an den bevorstehenden 700. Todestag der hl. Elisabeth und deren caritatives Leben: »Unter ihrer Ägide glaube ich sagen zu dürfen: Mögen wir endlich einmal verstehen, was es bedeutet zusammen zu halten und sich gegenseitig zu helfen! Es handelt sich nicht nur darum, daß wir Arbeit geben, wo wir Arbeit geben können, sondern auch, daß wir helfen, wo wir helfen können; denn nur so zeigen wir uns würdig, Mitglieder unseres Volkes zu sein, und das wollen wir ja. Wir wollen eine wahre, wirkliche Volksgemeinschaft bilden. (Bravo! bei der BVP)«

Am 22. November 1932 widmet sie sich ganz den kinderreichen Familien. Ammann wünscht für sie Erleichterungen, wo immer sie nötig seien. Aber sie betont, es müsse ein Unterschied »gemacht werden zwischen geordneten, erbgesunden, verantwortungsbewußten kinderreichen Eltern und den Asozialen und Trinkern; es handelt sich hier um zwei grundverschiedene Gruppen, die nicht miteinander verwechselt werden dürfen.« Das befremdet. Aber Holtmann hat in ihrer Dissertation festgestellt, »dass sowohl der KDFB als auch der MMV – und damit auch Ellen Ammann – immer wieder die sozialen Schichten klassifizierten.« Die Nichtberücksichtigung von Gasthauspersonal, Unqualifizierten oder Mädchen mit schlechten Zeugnissen in der Stellenvermittlung des »Mädchenschutzvereins« gehört in dieselbe Kategorie.

Diese ihre letzte Rede beendet Ellen Ammann ungewohnt leidenschaftlich: »Wie die Frau zum Mann hinaufschauen will in der Ehe, so will auch der vollwertige Mann in der Frau die Reinheit und den Willen zur Mutterschaft, die Mütterlichkeit ehren, um wahrhaft glücklich sein zu können. [...] Möge die kinderreiche Familie im Volksbewußtsein wieder zu Ehren kommen! Möge sie von uns allen geschützt und bewahrt werden, indem wir ihr bessere Lebensbedingungen schaffen! Das ist der Sinn unseres Antrages zum Wohle unserer Kinderreichen und unseres ganzen Volkes. (Beifall bei der BVP. Zuruf von den Kommunisten.)«

Das sind die letzten öffentlichen Worte von Ellen Ammann. Kurz nach der Rede stirbt sie. In vielen Beileidsschreiben und Nachrichten wird betont, wie passend es sei, dass sie sozusagen ›im Feld der Ehre‹ für die Familie abgetreten sei.

Anhang

ZEITTAFEL

1870	1. Juli: Geburt von Ellen Aurora Sundström in Stockholm/Schweden
1881	11. Juni: Konversion der Mutter zur katholischen Kirche in Dänemark
1888	Mai: Abitur in Stockholm
1888/89	Aufenthalt bei der Familie von Heereman in Westfalen
1889	Oktober: Ellen beginnt, in Stockholm Heilgymnastik zu studieren; 24. Oktober: Tod des Vaters in Osnabrück; November: Dr. Ottmar Ammann zieht als Untermieter zur Familie
1890	4. Oktober: Hochzeit mit Ottmar Ammann in Stockholm; November: Umzug nach München, Ellen betreut die Praxisklinik ihres Mannes
1892–1903	Geburt von fünf Söhnen und einer Tochter
1895	Mitarbeit im Marianischen Mädchenschutzverein
1897	Ellen Ammann richtet die katholische Bahnhofsmission in München ein
1903/04	Gründung des Katholischen Frauenbunds (KDFB) in Köln
1904	24. August: Rede zum Mädchenschutz beim Katholikentag in Regensburg; 8. November: Rede über den Mädchenschutz auf der Generalversammlung des Katholischen Frauenbunds in Frankfurt/Main; 6. Dezember: Gründung des Münchner Zweigvereins des KDFB, Ellen Ammann wird 1. Vorsitzende
1906	4.–6. November: Gastgeberin der 2. Generalversammlung des KDFB in München
1909	In der Theresienstraße 25 entsteht eine social-caritative Frauenschulung
1911	6. Dezember: Gründung des Bayerischen Landesverbands des KDFB
1912	Die Frauenschulung bietet zweisemestrige Kurse an

1914 August: Beginn des 1. Weltkriegs, Ottmar Ammann und vier Söhne im Krieg, Ellen Ammann ist bis 1918 in der Kriegsfürsorge aktiv; 4. Oktober: Ellen Ammann beginnt das Drittordensnoviziat; 8. Dezember: Ellen Ammann erhält den päpstlichen Orden »Pro Ecclesia et Pontificie«

1916 Die Frauenschulung wird zur social-caritativen Frauenschule mit zweijährigem Unterricht; 1. März: Bekenntnis zum »Dritten Orden«

1917 Michael von Faulhaber wird Erzbischof von München und Freising

1918 7. November: Revolution in München, Ausrufung des Freistaats Bayern; November: Die »Bayerische Volkspartei« spaltet sich vom »Zentrum« ab; 11. November: Waffenstillstand

1919 12. Januar: Landtagswahlen, acht Frauen, darunter Ellen Ammann, im Parlament; 21. Februar: Ermordung von Kurt Eisner; März: Räterepubliken, das Parlament zieht nach Bamberg; 10. Oktober: Gründung der »Vereinigung katholischer Diakoninnen« (VD) durch Faulhaber

1920 10. Januar: Der Versailler Vertrag tritt in Kraft

1923 8./9. November: Hitler-Putsch

1932 22. November: letzte Landtagsrede von Ellen Ammann; 23. November: In der Nacht stirbt Ellen Ammann; 25. November: Beerdigung auf dem Alten Südfriedhof

1933 Die Nationalsozialisten lassen gleich nach Erscheinen die Ammann-Biografie von Amelie von Godin einstampfen

1939 4. August: Ottmar Ammann stirbt

1972 14. Oktober: Maria Ammann stirbt in Bozen

1974 8. August: Albert Ammann stirbt in Frankfurt/Main

PERSONENVERZEICHNIS

Ammann, Maria Dr., * 5.4.1900, † 14.10.1972
Ausbildung an der Frauenschule, Studium der Volkswirtschaftslehre und Philosophie. 1929–1941 und 1945–1961 Leiterin der Frauenschule. S. 33, 35–37, 78f., 89 (Bild), 90f., 106, 125

Augspurg, Anita Dr., * 18.9.1867, † 21.12.1943
Erste promovierte Juristin Deutschlands. Frauenrechtlerin aus Verden, Friedensaktivistin, Vereinsgründerin, engagiert für Frauenwahlrecht, Frauenrechte und Frieden. 1918/19 Mitglied des Provisorischen Nationalrats in München. Ab 1933 im Exil in Zürich. S. 50, 52, 58, 63, 118

Auracher (Leonhard) Pater Benno, * 20.6.1855, † 23.12.1933
Provinzial der bayerischen Kapuziner, Missionsprediger und Volksredner. Er legt nach dem Bruch des Zölibats im Jahr 1909 seine Ämter nieder, lebt und stirbt in Österreich. S. 38, 54, 59, 61, 65f.

Barth, Klara, * 23.12.1880, † 13.6.1940
Volksschullehrerin, Landtagsabgeordnete 1920–1933 (BVP). Gute Freundin der Familie Ammann. S. 119, 123

Dransfeld, Hedwig, * 24.2.1871, † 1.3.1925
Lehrerin aus Dortmund, Frauenrechtlerin, Politikerin, Autorin. Redaktion der Zeitschrift »Die christliche Frau«. 1912–1922 Vorsitzende des KDFB. Ab 1920 Reichstagsabgeordnete (Zentrum). S. 56

Faulhaber, Michael von, * 5.3.1869, † 12.6.1952
Geistlicher aus Unterfranken, Theologe, 1903–1911 Ordinarius für alttestamentliche Exegese und biblische Theologie in Straßburg, 1911– 1917 Bischof von Speyer ernannt, 1917 zum Erzbischof von München und Freising und ab 1921 Kardinal. 1913 vom bayerischen König in den persönlichen Adelsstand erhoben. S. 54, 58, 68–70, 104, 106–108 sowie Kasten S. 107

Fogt, Luise, * 5.5.1846, † 12.5.1921
Tochter eines Obersts aus München. Erzieherin, ab 1895 im Mädchenschutz tätig, Geschäftsführerin des »Mädchenschutzvereins« München und des gesamtbayerischen KDFB. S. 42f., 103

Freudenberg, Ika, * 25.3.1858, † 9.1.1912
Frauenrechtlerin aus Wiesbaden, mit Anita Augspurg und anderen Mitbegründerin des Münchner »Vereins für Fraueninteressen«, ab 1896 Vorsitzende. S. 58, 62f.

Fröhlich, Cyprian Pater, * 20.3.1853, † 6.2.1931
S. 40f. sowie Kasten S. 41

Gnauck-Kühne, Elisabeth, * 2.1.1850, † 21.4.1917
Lehrerin, Frauenrechtlerin und Sozialpolitikerin aus dem Landkreis Peine, zunächst protestantisch, 1900 konvertiert. Mitbegründerin des »Evangelischen Frauenbunds« und des KDFB. S. 74

Godin, **Marie Amelie Freiin von**, * 7.3.1882, † 22.2.1956
Schriftstellerin, Übersetzerin, Frauenrechtlerin und Albanienforscherin. Schriftführerin im KDFB München bis 1909. ›Erstbiografin‹ von Ellen Ammann. S. 12, 15, 24, 59, 61, 66, 74, 94, 98, 100f., 114, 119, 122, 126

Gordon, Emy, * 6.3.1841, † 2.2.1909
Gutsbesitzerstochter aus Württemberg, Autorin, Übersetzerin und Funktionärin der Frauenbewegung. Ab 1884 in Würzburg, Gründerin des dortigen Frauenbunds. S. 55

Heymann, Lida Gustava, * 15.3.1868, † 31.7.1943
Frauenrechtlerin aus Hamburg, Friedensaktivistin, Vereinsgründerin. 1918/19 Mitglied des Provisorischen Nationalrats in München. Ab 1933 im Exil in Zürich. S. 52, 58, 63, 94, 118–120, 127

Hohenhausen, Marie Baronin von, * 21.1.1852, † 25.5.1903
Teilnahme am »Seraphischen Liebeswerk« von Cyprian Fröhlich. 1. Schriftführerin des »Mädchenschutzvereins«. Mitbe-

gründerin einer Marienkongregation sowie eines bayerischen interkonfessionellen Komitees gegen den Mädchenhandel. S. 32, 42, 58, 60, 83, 103f.

Hopmann, Maria (20.5.1887–18.2.1937)
Tochter von Emilie Hopmann, ab 1912 ›Wahlkind‹ und Mitarbeiterin der Familie Ammann, Mitbegründerin der Frauenschule und stellvertretende Leiterin ab 1918. Mitglied der Diakonissinnen. S. 14, 68f., 72, 74f., 77f., 79, 81, 87f., 90f., 99, 106f., 114, 123, 127

Kiesselbach Luise, * 28.12.1863, † 27.1.1929
Sozialarbeiterin und Frauenrechtlerin aus Hanau. Ab 1913 Leiterin des »Vereins für Fraueninteressen« in München, ab 1914 mit Ellen Ammann Leitung des städtischen Hauptwohlfahrtsausschusses. Gründung des »Stadtbunds Münchner Frauenverbände«, des »Hauptverbands Bayerischer Frauenvereine « und des »Paritätischen Wohlfahrtverbands«. 1918/19 Mitglied im Provisorischen Nationalrat in München, ab 1919 im Stadtrat. S. 58, 75, 96f.

Linhart, Paula, * 22.3.1906, † 7.8.2012
1926–1928 Schülerin der Münchner Frauenschule. Bis 1956 im »Katholischen Fürsorgeverein für Mädchen, Frauen und Kinder«, 1960 erste Geschäftsführerin der bayerischen Landesstelle »Aktion Jugendschutz«. S. 66, 79, 127

Montgelas, Pauline Gräfin von, * 28.2.1874, † 10.5.1961
Mitbegründerin des »Mädchenschutzvereins«. Vorsitzende der KDFB-Volkstumskommission. S. 38, 83f.

Preysing, Christiane Gräfin von, * 27.11.1852, † 20.9.1923
1. Vorsitzende und Präsidentin des »Mädchenschutzvereins«. Beteiligt an der Gründung des »Internationalen Verbandes Katholischer Mädchenschutzvereine« 1897, Mitglied im Gründungskomitee des Deutschen Nationalverbandes 1905 in Freiburg/Br. S. 42

Salomon, Alice Dr., * 19.4.1872, † 30.8.1948
Sozialreformerin und Nationalökonomin aus Berlin. Gründerin der ersten überkonfessionellen zweijährigen Sozialen Frauenschule Deutschlands. S. 72, 74, 77

Schwaighofer, Cölestin Pater, * 22.1.1863, † 7.9.1934
S. 38f., 103, 106, 124 sowie Kasten S. 38

Sepp, Ameley, * unbekannt, † 7.7.1933
Das jüngste von acht Kindern der Münchner Familie Auracher. Engagiert in Regensburg im Mädchenschutz und im Frauenbund, Schatzmeisterin des Landesverbands. Ihre Schwestern Ernestine und Emilie arbeiten im Münchner Frauenbund mit. S. 37f., 57, 60f., 66, 91, 96

Ullrich, Therese, * 25.10.1888, † 1981
1912 Gründungsmitglied des Zweigvereins Landsberg. Schülerin an der Frauenschule 1918–1920, Wahlkampfarbeit. Hauptamtliche Tätigkeit im Bayerischen Landesverband. S. 79

Wahlström, Lydia Dr., * 28.6.1869, † 2.6.1954
aus Lundby in Schweden, Freundin Ellen Ammanns seit der Schulzeit. Historikerin, Schulleiterin, Schriftstellerin und eine der bedeutendsten Frauenrechtlerinnen Schwedens. S. 19–24, 26f., 32, 38, 67, 70, 84f., 90, 92, 94, 96, 114, 120f., 127

Weber, Helene, * 17.3.1881, † 25.7.1962
Lehrerin, seit 1916 KDFB-Mitglied, ab 1918 Leiterin einer Frauenschule in Köln. Landtags- und Reichstagsabgeordnete (Zentrum) ab 1919, 1948 im Parlamentarischen Rat und MdB (CDU). S. 23, 41, 67, 128

Zettler, Marie, * 13.11.1885, † 5.2.1950
1911–1913 Besuch der Frauenschule, 1912 Landessekretärin KDFB Bayern, dann Geschäftsführerin, Redakteurin des »Bayerischen Frauenlands«. 1919 Abgeordnete der Weimarer Nationalversammlung (BVP). S. 112, 127

QUELLEN- UND LITERATURVERZEICHNIS

Ungedruckte Quellen

Nachlass Ellen Ammann im Archiv des Erzbistums München und Freising, FC 002: Briefe in Konvolut 42, 44 – Erinnerungen von Ottmar Ammann in Konvolut 41 (der Nachlass ist das Arbeitsmaterial von Marianne Neboisa, dazu zählen auch Abschriften der Briefe nach Schweden sowie zahlreiche persönliche Unterlagen aus dem Familienarchiv Ammann)

Unterlagen des Katholischen Deutschen Frauenbunds in München, s. auch die Website: https://www.frauenbund.de/landesverband-bayern/

Digitales deutsches Frauenarchiv https://www.digitales-deutsches-frauenarchiv.de/start

Gedruckte Quellen

Ammann, Ellen: Rede anlässlich der Versammlung des Marianischen Mädchenschutzvereins für Bayern. In: Verhandlungen der 51. Generalversammlung der Katholiken Deutschlands in Regensburg vom 21. bis 25. August 1904, Regensburg 1904, S. 586–599

Ammann, Ellen: »Mädchenschutz und Bahnhofmission« In: Verhandlungen der 1. Generalversammlung des Katholischen Frauenbundes in Frankfurt am Main von 6. bis 8. November 1904, S. 97–109

Ammann, Ellen: Die wissenschaftliche Weiterbildung der nicht berufstätigen Frau, In: Die christliche Frau, 4. Jg., Heft 2, November 1905, S. 41–46

Ammann, Ellen: Wertschätzung der Arbeit ein Hülfsmittel zur Lösung der Frauenfrage 1908, In: Der Katholische Frauenbund Nr. 8, Mai 1908, S. 112f.

Ammann, Ellen: Wahlfächer und Frauenschule. In: Allgemeine Rundschau Nr. 43, 22.101.1910, S. 756–758

Ammann, Ellen: Europäischer Kongress der Bahnhofsmissionen. In: Allgemeine Rundschau Nr. 25, 18.6.1910, S. 412f.

Ammann, Ellen: Warum wir die Zulassung zu den akademischen Berufen erstrebt haben. Vortrag auf dem Dt. Frauenkongress Berlin. In: Bäumer, Gertrud (Hg.): Der Deutsche Frauenkongreß, Berlin, 27. Februar bis 2. März 1912. Leipzig/Berlin 1912, S. 134–138 https://archive.org/details/derdeutschefraueoodeut/page/131 [aufgerufen am 12.6.2019]

Ammann, Ellen: Der katholische Frauenbund. Sonderdruck aus der Allgemeinen Rundschau für den Bayer. Landesverband des kath. Frauenbundes. München 1912

Ammann, Ellen: Soziale Pflichten der katholischen Frau. In: Allgemeine Rundschau Nr. 38, 20.9.1913, S. 708f.

Ammann, Ellen: Schutz und Wehr für Frauenehr'. Zur Erinnerung an den Zweiten Katholischen Frauentag in Bayern (1. März 1914). Sonderdruck aus der Allgemeinen Rundschau Nr. 11 (13. März 1914), München 1914

Ammann, Ellen: Der Bayerische Landtag. In: Bayerisches Frauenland, Nr. 4, 1919, S. 26–17

Ammann, Ellen: Rückblick auf die Düsseldorfer Generalversammlung des Kath. Frauenbundes. In: Allgemeine Rundschau Nr. 46, 12.11. 1920, S. 806f.

Ammann, Ellen: Die Frauen und die Wahlen, In: Bayerisches Frauenland, Nr. 1, 1924, S. 3

Ammann, Ellen: Karneval und Fasten. In: Bayerisches Frauenland, Nr. 2, 1926, S. 9f.

Ammann, Ellen: Zum Frauenturnen. In: Bayerisches Frauenland, Nr. 7, 1927, S. 49f.

Ammann, Ellen: Zehn Jahre Frauenstimmrecht. In: Bayerisches Frauenland, Nr. 2, 1929, S. 9–11

Ammann, Ellen: Forderungen der Zeit an die katholischen Frauen. In: Bayerisches Frauenland, Nr. 5, Mai 1919, S. 125 und 128

Fröhlich, Cyprian: Die religiöse und soziale Bedeutung des Marianischen Mädchenschutz-Vereines. Rede des Hochw. P. Cyprian, O. C. gehalten am 29. April 1897 im großen Saale des kath. Casino in München. Hg. von der Vorstandschaft des Marianischen Mädchenschutz-Vereines. München 1897.

Godin, Marie Amelie von: Soziale und caritative Frauenschule in Bayern. In: Allgemeine Rundschau, Nr. 34, 16.8.1916, S. 597f.

Godin, Marie Amelie von: Ellen Ammann †. In: Bayerisches Frauenland Nr. 15, Januar 1933, S. 1f.

Godin, Marie Amelie von: Ein Buch über Ellen Ammann. In: Bayerisches Frauenland Nr. 15, Juli 1933, S. 50

Hopmann, Maria: Zum 60. Geburtsfest unserer Landesvorsitzenden. In: *Bayerisches Frauenland,* Nr. 7, 1930, S. 51-52

Hopmann, Maria (1933): Gründerin der sozialen und caritativen Frauenschule. In: *Bayerisches Frauenland,* Nr. 1, 1933, S. 3

Hopmann, Maria (1937): Ellen Ammann und ihre sozial-caritative Bedeutung. In: *Deutscher Caritasverband* (Hg.): Jahrbuch der Caritaswissenschaft. Freiburg im Breisgau 1937, S. 56–68

Katholischer Mädchenschutz 1895–1955. Festschrift, Freiburg 1955

Politische Studientage. In: Bayerisches Frauenland, Nr. 1, 1920, S. 4f. (Signatur P. H.)

Protokolle des Bayerischen Landtags 1919–1933. https://www.bayerische-landesbibliothek-online.de/landtag1919-1933 [aufgerufen 3.6. 2019]

Zettler, Marie: Unsere Landesvorsitzende Ellen Ammann †. In Bayerisches Frauenland, Nr. 12, Dezember 1932, S. 1

Literaturverzeichnis

Bischofberger, Norbert: Ein soziales Netz knüpfen. Ellen Ammann und die Bahnhofsmission. MS Bayerischer Rundfunk, 19. 11. 2000

Breuer, Gisela: Frauenbewegung im Katholizismus. Der Katholische Frauenbund 1903–1918. Frankfurt/New York 1998

Breuer, Gisela: Der »Katholische Frauenbund« zwischen Frauenbewegung und Kirche. In: Im Namen des HERRN? Konfessionelle Frauenverbände 1890–1933. Ariadne 35, S. 34–39. Kassel 1999

Brunbauer, Wolfgang: Das Ringen um die »empirische Frau«. Ellen Ammann, die »schwarze« Schwedin im bayerischen Landtag. In: Charivari – Zeitschrift für Kunst, Kultur und aktuelle Ereignisse aus dem bayerischen Oberland, 1/1990. S. 77–81

Fromm, Waldemar: Goldene Zwanziger Jahre. In: Historisches Lexikon Bayerns https://www.historisches-lexikon-bayerns.de/Lexikon/Goldene_Zwanziger_Jahrehttps://www.historisches-lexikon-bayerns.de/Lexikon/Goldene_Zwanziger_Jahre [aufgerufen am 5.9. 2019]

Godin, Amelie von: Ellen Ammann. Ein Lebensbild. München und Kempten 1933

Hafner, Helmut: Frauenemanzipation und Katholizismus im zweiten deutschen Kaiserreich. Dissertation, Saarbrücken 1983

Heymann, Lida Gustava: Erlebtes, Erschautes. Deutsche Frauen kämpfen für Freiheit, Recht und Frieden. 1850–1940. Meisenheim 1972

Holtmann, Gunda: Ellen Ammann – Eine intellektuelle Biografie. Ein Beitrag zur Geschichte der Sozialen Arbeit im Kontext der katholischen Frauenbewegung und des ‹Katholischen Deutschen Frauenbundes' zu Beginn des 20. Jahrhunderts. Würzburg 2017

Hopmann, Marie: Ellen Ammann und ihre sozial-caritative Bedeutung. In: Jahrbuch der Caritaswissenschaft, Freiburg 1937. S. 56–68

Kampf, Andrea: Frauenpolitik und politisches Handeln von Frauen während der Bayerischen Revolution. Dissertation Hagen 2014. S. 94f. https://ub-deposit.fernuni-hagen.de/receive/mir_mods_00000953 [aufgerufen am 14.2.2018]

Katholischer Deutscher Frauenbund, Landesverband Bayern: Einführung des Frauenwahlrechtes aus KDFB-Sicht https://www.frauenbund-bayern.de/themen-und-projekte/landtagswahl-2018/kdfb-und-frauenwahlrecht/ [aufgerufen am 1.9.2019]

Kink, Barbara: Mehr Mut … als manche Herrn in Männerhosen. Ellen Ammann (1870–1932) – Frauenbewegte Katholikin und couragierte Landtagsabgeordnete der ersten Stunde, in: Rebellen – Visionäre – Demokraten. Hg. von Kink u. a. Regensburg 2013, S. 107–110

Krafft, Sybille: An der Heimatfront. Frauen im Ersten Weltkrieg 1914–1919. In: Frauenleben in Bayern von der Jahrhundertwende bis zur Trümmerzeit. München 1993 S. 119–170

Kranstedt, Gabriele: Migration und Mobilität im Spiegel der Verbandsarbeit Katholischer Mädchenschutzvereine 1895–1945. Ein Beitrag zur Geschichte der Frauenbewegung. Paderborn 2003

Linhart, Maria (Paula): Ellen Ammann. Ein christliches Frauenbild in unserer Zeit. Breslau 1940

Meister, Monika: Die Bahnhofsmissionarin. Ellen Ammann und die katholische Frauenbewegung. BR 21.9.1986

München – Stadt der Frauen. Kampf für Frieden und Gleichberechtigung 1800 – 1945, herausgegeben von Reinhard Bauer und Eva-Maria Volland. München 1991

Neboisa, Marianne: Ellen Ammann 1870–1932. Diakonin der katholischen Aktion. Ein Lebensbild. Hg. vom Pressereferat der Erzdiözese München und Freising mit Fotos aus dem Ammannschen Familienarchiv, Vortrag 1981. München o. J.

Neboisa, Marianne: Ellen Ammann und die Münchner Bahnhofsmission. Schule der künftigen Frauenführerin. Würzburg 1986

Neboisa, Marianne: Ellen Ammann, geb. Sundström 1870–1932. Dokumentation und Interpretation eines diakonischen Frauenlebens. St. Ottilien 1992

Nikles, Bruno W., Bahnhofsmission und Bahnhofsdienste in Deutschland. Ein historischer Abriss ihrer Aufgaben- und Organisationsentwicklung. Opladen, Berlin, Toronto 2019

Nowak, Kai: Projektionen der Moral: Filmskandale in der Weimarer Republik. Göttingen 2015

Pregardier, Elisabeth, Mohr, Anne: Politik als Aufgabe. Engagement christlicher Frauen in der Weimarer Republik. Annweiler/Essen 1990

Rohr, Dorothea: Frauenbewegung und religiöse Gebundenheit. Der Katholische Frauenbund, Zweigverein Freiburg 1909–1934. Freiburg 1999

Roth, Katharina, Georgi, Matthias: Hundert Jahre Bauverein München-Haidhausen. München 2019

Sack, Birgit: Zwischen religiöser Bindung und moderner Gesellschaft. Katholische Frauenbewegung und politische Kultur in der Weimarer Republik (1981–1933). Münster, New York, Berlin 1998

Sack, Birgit: »Katholischer Frauenbund« und Politik in der Weimarer Politik. In: Ariadne 35, Im Namen der HERRN? Konfessionelle Frauenverbände 1890–1933. Kassel Mai 1999, S. 40–45

Schießleder, Elfriede: Ellen Ammann, Frauenrechtlerin, Wegbegleiterin der sozialen Arbeit, christliche Politikerin und frühe Gegnerin des Nationalsozialismus. In: Zur Debatte: Themen der Katholischen Akademie in Bayern. Sonderheft zur Ausgabe 6/2018, München 2018

Schmidt-Thomé, Adelheid: Sozial bis radikal. Politische Münchnerinnen im Porträt. München 2018
Schwark, Heribert: Geschichte und Rechtsgrundlagen der Polizeiseelsorge in den Ländern der Bundesrepublik Deutschland und Berlin/West, Frankfurt 1986
Sommer, Karin: Eine frauenbewegte Schwedin von »nordischer Vehemenz«. In: Maximilianeum Nr. 7, München 2001, S. 105 und 112
Wachter, Heinrich: ein Beitrag von Pfarrer Heinrich Wachter, aus der Festschrift »70 Jahre Polizeiseelsorge in Bayern – 1990«, S. 4
Wahlström, Lydia: Trotsig och försagd. Mitt livs minnen. Stockholm 1949
Weber, Helene: Ellen Ammann. In: Gerta Krabbel, Selig sind des Friedens Wächter. Katholische deutsche Frauen aus den letzten hundert Jahren. Regensburg/Münster 1949, S. 45–65
Wigger, Iris: Due »schwarze Schmach am Rhein«. Rassistische Diskriminierung zwischen Geschlecht, Klasse, Nation und Rasse. Münster 2007
Wosgien, Gerlinde: Neun Jahrzehnte starke Frauen in Bayern und der Pfalz. Chronik des Bayerischen Landesverbandes des Katholischen Deutschen Frauenbundes 1911–2001. München 2001. https://docplayer.org/27982039-1-ellen-ammann.html [aufgerufen am 5.9. 2019]
Wosgien, Gerlinde: Wegbereiterinnen der Professionalisierung. Die Geschichte der Münchner Sozialen und Caritativen Frauenschule. In: Gisela Muschiol (Hg.): Katholikinnen und Moderne. Katholische Frauenbewegung zwischen Tradition und Emanzipation. Münster 2003, S. 69–87
Wosgien, Gerlinde: Ellen Ammann – die Gründerin der Münchner Sozialen und caritativen Frauenschule, in: 100 Jahre Ausbildung für soziale Berufe mit christlichem Profil. Von Ellen Ammanns sozialcaritativer Frauenschule zur katholischen Stiftungsfachhochschule. Hg. von S. Sandherr, F. Schmid, H. Sollfrank. München 2009, S. 16–27
Wosgien, Gerlinde: Ellen Ammann (1870–1932) – eine frauenbewegte, sozial engagierte Politikerin des frühen 20. Jahrhunderts. In: Einsichten und Perspektiven 3/2018, Hg. von der Bayerische Landeszentrale für politische Bildungsarbeit. München 2018, S. 26–35

BILDNACHWEIS

AddF – Archiv der deutschen Frauenbewegung: 126
akg-images: 44 (Otto Götze)
Archiv der Erzdiözese München und Freising: 87
Archiv für Christlich-Soziale Politik: 101 (PI se. 145)
Godin, Marie Amelie v., Ellen Ammann: ein Lebensbild, Kösel & Pustet Verlag: 17, 20, 27, 34, 124
https://commons.wikimedia.org: 104, 136
Katholischer Frauenbund Landesverband Bayern: 68, 73, 76, 92
Marianne Neboisa, Ellen Ammann: 1870–1932; Diakonin der Katholischen Aktion; ein Lebensbild, Pressereferat d. Erzdiözese München und Freising, 1981: 15, 36, 82, 89
Schmidt-Thomé, Adelheid: 128
Stadtarchiv München: 30 (DE-1992-FS-NL-PETT1-3639), 46 (DE-1992-FS-PK-STB-00711), 62 (DE-1992-FS-HB-XX-B-055), 97 (DE-1992-FS-ALB-092-06)
Stadtmuseum München: 111

Umschlagmotive: vorne: Ellen Ammann ca. 1917 (Katholischer Frauenbund Landesverband Bayern), hinten: Jugendbild von Ellen Ammann (links) und ihrer Schwester Harriet (Godin, Marie Amelie v., Ellen Ammann: ein Lebensbild, Kösel & Pustet Verlag)

DANK

Ich danke ganz herzlich für Unterstützung, Informationen und Gespräche:

Dr. Gerlinde Wosgien vom KDFB Landesverband Bayern in München für die Unterstützung bei Recherchen (auch ihren Kolleginnen) und fürs Erstlesen.

Karin Sommer hat mir ihre sämtlichen Unterlagen über die Politikerin Ellen Ammann und Kolleginnen im Landtag zur Verfügung gestellt. Ihr gilt ein besonderer Dank!

Wolfgang Römer hat die Passage von Lydia Wahlström aus dem Schwedischen übersetzt.

Andreas Simbeck von der Katholischen Polizeiseelsorge München hat mir Material über die Polizeiseelsorge zur Verfügung gestellt.

Katharina Roth und der Bauverein Haidhausen haben mir freundlicherweise die Passagen zum Ledigenheim aus dem gerade erschienenen Buch über den Bauverein zur Verfügung gestellt.

Von Christian Sepp kam der Anstoß, eine Biografie über Ellen Ammann zu schreiben. – Und danke für das anregende Gespräch über die Ambivalenzen in ihrem Leben.

Den Mitarbeitern des Archivs der Erzdiözese München und Freising.

Angelika Bahl-Benker als Erstleserin einiger Kapitel.

Und last but not least meinem Mann, der mir wieder einige Wochen den Rücken freigehalten und – eine weitere große Hilfe – die Texte kritisch gelesen hat.

Und natürlich dem Pustet-Verlag. Mein besonderer Dank geht hier an Christiane Tomasi für die gute Betreuung und das sorgfältige Lektorat.

kleine bayerische biografien

»Die kleine Biografienreihe hat das Zeug dazu, für jeden Bayern – und die, die es gerne sein möchten – ein fast unverzichtbarer Lesestoff zu werden.« MITTELBAYERISCHE ZEITUNG

Marita A. Panzer
LENA CHRIST
Keine Überflüssige

Das Leben der bedeutendsten Schriftstellerin Altbayerns. In der knappen Zeitspanne von acht Jahren legte sie ein beachtliches Werk vor, das heute weithin Anerkennung findet.

»Sehr berührend und lesenswert.«
SÜDDEUTSCHE ZEITUNG

132 S., 22 Abb., kart.
ISBN 978-3-7917-2307-5

Anne Bezzel
CARITAS PIRCKHEIMER
Äbtissin und Humanistin

Von zahlreichen Gelehrten und Geistesgrößen ihrer Zeit wurde die hochgebildete Caritas Pirckheimer, Äbtissin des Nürnberger Klaraklosters, als Gesprächspartnerin geschätzt. Vielen galt sie als weibliches Idealbild des humanistischen Menschen.
Die Biografie bietet auch spannende Einblicke in die Zeit des religiösen und gesellschaftlichen Umbruchs des 16. Jahrhunderts.

128 S., 22 Abb., kart.
ISBN 978-3-7917-2751-6 / auch als eBook

VERLAG
FRIEDRICH
PUSTET

Verlag Friedrich Pustet
Unser komplettes Programm unter:
www.verlag-pustet.de

Tel. 0941 / 92022-0
Fax 0941 / 92022-330
bestellung@pustet.de

Christian Feldmann
SEBASTIAN KNEIPP
Der fünfzehnte Nothelfer

Abhärten, Gesundheit trainieren, die Selbstheilungskräfte im Menschen stärken, eine naturgemäße Lebensweise – mit diesem zeitlosen Rezept ist der »Wasserdoktor« von Bad Wörishofen zum Nothelfer einer von Zivilisationskrankheiten geplagten Menschheit geworden. Der Aufstieg des bettelarmen Webersohns zum weltberühmten Naturarzt liest sich wie ein spannendes Abenteuer.

144 S., 25 Abb., kart.
ISBN 978-3-7917-2241-6

Wolfgang G. Locher
MAX VON PETTENKOFER
Pionier der wissenschaftlichen Hygiene

Max von Pettenkofer (1818–1901) gehörte zur wissenschaftlichen Elite des 19. Jahrhunderts. Als Forscher hat er den Ruf Münchens und Bayerns als Wissenschaftsstandort mitbegründet. Er befasste sich mit Chemie und Pharmazie. Sein Fokus lag jedoch auf der Hygiene. Als Vordenker in der Gesundheitspflege schuf er Trends in Public Health.

»Übersichtlich und trotzdem fundiert schildert Locher dessen facettenreiches Leben.« G/GESCHICHTE

144 S., 20 Abb., kart.
ISBN 978-3-7917-2978-7 / auch als eBook

VERLAG FRIEDRICH PUSTET

Verlag Friedrich Pustet
Unser komplettes Programm unter:
www.verlag-pustet.de

Tel. 0941 / 92022-0
Fax 0941 / 92022-330
bestellung@pustet.de

Florian Steger

MAX MOHR

Arzt und rastloser Literat

Unter Mitarbeit von Martin Regenbrecht

Max Mohr (1891–1937), zugleich Arzt und Literat, feierte in den 1920er-Jahren große Erfolge als Dramatiker und pflegte mit zahlreichen bedeutenden Kulturschaffenden seiner Zeit engen Kontakt. Aufgrund seiner jüdischen Identität musste er 1934 emigrieren. Bis zu seinem frühen Tod lebte und arbeitete er als Arzt in Shanghai. Diese Biografie erzählt von einer vielschichtigen Persönlichkeit.

136 S., 20 Abb., kart.
ISBN 978-3-7917-3075-2 / auch als eBook

Ulrich Dittmann / Waldemar Fromm

OSKAR MARIA GRAF

Rebellischer Weltbürger, kein bayerischer Nationaldichter

Oskar Maria Graf suchte seinen Weg durch ein zerstörerisches Jahrhundert – pazifistisch, authentisch und widersprüchlich. Sein spontaner Protest gegen die Bücherverbrennung vom 10. Mai 1933 wurde weltweit gelesen. Im US-Exil war er einer der Wortführer der aus Deutschland vertriebenen Autoren. »Ein verjagter Dichter, einer der Besten«, so urteilte Bertolt Brecht.

»(...) ein bemerkenswerter Band.«
MITTELBAYERISCHE ZEITUNG

152 S., 25 Abb., kart.
ISBN 978-3-7917-2893-3 / auch als eBook

VERLAG FRIEDRICH PUSTET

Verlag Friedrich Pustet
Unser komplettes Programm unter:
www.verlag-pustet.de

Tel. 0941 / 92022-0
Fax 0941 / 92022-330
bestellung@pustet.de

Bibliografische Information der Deutschen Nationalbibliothek
Die Deutsche Nationalbibliothek verzeichnet diese Publikation in der Deutschen Nationalbibliografie; detaillierte bibliografische Daten sind im Internet über http://dnb.dnb.de abrufbar.

ISBN 978-3-7917-3128-5
© 2020 by Verlag Friedrich Pustet, Regensburg
Reihen-/Umschlaggestaltung und Layout: Martin Veicht, Regensburg
Satz: Vollnhals Fotosatz, Neustadt a. d. Donau
Druck und Bindung: Friedrich Pustet, Regensburg
Printed in Germany 2020

eISBN 978-3-7917-6169-5 (epub)

Weitere Publikationen aus unserem Programm
finden Sie auf www.verlag-pustet.de
Informationen und Bestellungen unter verlag@pustet.de